天
Borderless
下

天下，在乎正义和你

天
Borderless
下

法律文化研究文丛

中国早期民法新论

案例、法规、概念与法律之外

张朝阳——著

法律出版社 LAW PRESS·CHINA
北京

作者简介

张朝阳

男，1975 年生，加州大学伯克利分校历史学博士（2010 年），现任上海交通大学人文学院历史系教授。主要研究领域为法律史、秦汉史、出土文献。迄今在国内外学术刊物发表论文 40 余篇，承担多项国家和上海市社科项目。出版《中国早期民法的建构》（中国政法大学出版社，2014）、*A History of Civil Law in Early China:Cases, Statutes, Concepts and Beyond* (Brill, 2022)、《古代中外文化交流简史（英文版）》（北京大学出版社，2022）等专著及教材。

主编者言

《法律文化研究文丛》自 1996 年始，先后由中国政法大学出版社和广西师范大学出版社出版，收有海内外学者专著、文集、译著约二十种，内容涉及法律理论、法律史、比较法、法律社会学、法律人类学等诸多领域。如今，这套丛书转由法律出版社出版，编者不改初衷，将通过本丛书的编撰，继续坚持批评和反思的学术立场，倡导和推动法律的跨学科研究，为深入探究和理解中国法律与社会的历史、文化和现实，改善中国的法学研究，推进中国的法治事业，略尽绵薄。

梁治平

己亥年冬月

凡　例

一、本书所引用文献资料，首次出现时给出全部出版信息。

（1）引用书籍时，包括作者、书名、出版社、出版年份、页码等信息；若引用整书研究框架、论述，则无具体页码。

（2）引用文章时，包括作者、篇名、期刊名、期次等信息。

二、本书所引用文献资料，再次、多次出现时，出版信息采用简略格式。

（1）引用书籍时，一般包括作者、书名和页码信息；若为经典古籍，则仅包括书名和页码信息。

（2）引用文章时，包括作者和篇名信息。

三、本书对于反复引用的重要文献，除首次引用给出全称之外，其余情况下，一律采用缩写格式并省去作者信息。例如：

（1）《张家山》指代“张家山二四七号汉墓竹简整理小组编《张家山汉墓竹简（247 号）》”。

（2）《睡虎地》指代“睡虎地秦墓竹简整理小组编《睡虎地秦墓竹简》”。

四、本书对于经过后世学者校释、校注、翻译等具有学术再研究属性之古籍，引用时一律以校释者、校注者或译者为作者。若原始文本作者为学界所熟知，则一般不特别予以说明。例如：

（1）陈桥驿：《水经注校释》。

（2）（清）段玉裁：《说文解字注》。

（3）杨伯峻：《论语译注》。

五、本书对于引用古籍的版本，默认为点校本、整理本，否则一律注明“影印本”。

目　录

导　论

第一节　问题的提出

中国传统法律历史悠久。仅就文献遗存而言，从《尚书·吕刑》到《大清律例》，数千年的历史长河积累了浩如烟海的律令、案例、疏议等法律文献。对于这样庞大、丰富又多元的法文化遗产，很多人却笼统地给其贴上“刑法”的标签，因为古代律令似乎执着于以刑罚来维系公共秩序和政务运行。那么，与公共秩序和政务没有直接关系的问题如何处置？例如，债务、赔偿、继承等一系列私人事务是否进入了国家法律的法眼？这就引出了颇具争议的中国古代的“民法”问题。

按照当代的一般理解，“民法”是相对于“刑法”而言的概念，刑法用于维护公共秩序，惩罚危害社会的犯罪行为，民法则用来规范并调整个体之间的财产关系、人身关系等。作为一个词语，“民法”是不折不扣的舶来品，源自古罗马“市民法”而不见于中国古代文献。[1] 直到晚清，中国模仿西方体制以改革固有法律，中文词汇才出现了“民律”“民法”。虽然是舶来词汇，但中国

[1] 《尚书孔传·汤诰》记载：“咎单，臣名，主土地之官，作明居民法一篇，亡。”这里虽然出现了“民法”，但其语义与今日所言之民法无关。

古代是否存在事实上的民法，也就是不自称为“民法”的民法？这是一个值得深入思考的问题。囿于学术立场和资料存留，学界对此争议极大。总结起来，大致有三派观点。[1]

一、中国古代无民法

中国古代无民法（以下简称“无民法”）观点认为，中国古代法律仅关注以刑罚手段惩治犯罪以维护公共秩序和统治，不涉及民事纠纷的解决和个人利益之保障。国际学界非常流行这种说法，国内也不乏赞同之声。这一派的首倡者似乎是梁启超先生，他曾慨叹过：“我国法律界最不幸者，私法部分全付阙如之一事也。”[2] 这种观点及其各种变形在海内外广泛传播。例如，美国汉学家德克·博迪（Derk Bodde）和克莱伦斯·莫里（Clarence Morris）于 1967 年说道：“［在古代中国］民事性质的问题要么被完全忽略，要么被以刑事的方式进行有限的处理。”[3] 荷兰学者何四维（A. F. P. Hulsewé）于 1986 年认为，中国古代只有刑法，所有民事纠纷都诉诸民间习惯来解决，官方不介入。[4] 日本著名学者

[1] 20 世纪对这一问题的争议，参见俞江：《关于“古代中国有无民法”问题的再思考》，载《现代法学》2001 年第 6 期。

[2] 梁启超：《论中国成文法编制之沿革得失》，载梁启超：《饮冰室合集·文集之十六》，中华书局 1989 年版，第 52 页。此点经俞江文章指出。

[3] Derk Bodde & Clarence Morris, *Law in Imperial China: Exemplified by* 190 *Ch'ing Dynasty Cases with Historical Social and Juridical Commentaries* (Cambridge: Harvard University Press, 1967), p. 4. 一些文章声称，“无民法”的首倡者是 19 世纪末英国法学家梅因，因为李祖撒在《古代法·小引》（商务印书馆，1959 年）中说：“梅因在他的著作中有这样的错误论调：一个国家文化的高低，看它的民法和刑法的比例就能知道。大凡半开化的国家，民法少而刑法多……日本资产阶级法学家更据此对我国大肆污蔑，说中国古代只有刑法而没有民法。”可能一些学者将李祖撒对日本学者的批评张冠李戴到梅因头上。

[4] See Michael Loewe & Denis Twitchett eds., *The Cambridge History of China*, *Vol* 1: *The Ch'in and Han Empires*, 221*B. C. – A. D.* 220 (Cambridge: Cambridge University Press, 1986), p. 525.

滋贺秀三于1988年认为：

在中国，虽然拥有从古代就相当发达的文明的漫长历史，却始终没有从自己的传统中生长出私法的体系来。中国所谓的法，一方面就是刑法，另一方面则是官僚统治机构的组织法，由行政的执行规则以及针对违反规则行为的罚则所构成的。[1]

我国学者孔庆明于1992年说：

如果说先秦时代是刑民合一，到汉代就发展成以刑代民，实行刑法一体化了。在汉王朝的统治下，刑事法律关系是唯一的法律关系。[2]

而英国汉学家鲁惟一先生（Michael Loewe）则在2006年写到：

秦汉的律令不是着手于保护人们免于受官员压迫，尽管这种意图有时候可见于条文中。这些律令的目的是维持法律秩序，控制民众和他们在大地上的工作。详细规定的制裁和惩罚指导着官员们如何去消灭犯罪。[3]

以上所举数例仅是冰山一角而已，但已然表明“无民法”的观点根深蒂固，在海内外学界非常盛行。

二、自古就有民法

自古就有民法（以下简称“有民法”）观点的起源也很早。20

[1] [日] 滋贺秀三：《中国法文化的考察——以诉讼的形态为素材》，载《比较法研究》1988年第3期。

[2] 孔庆明：《秦汉法律史》，陕西人民出版社1992年版，第289页。

[3] Michael Loewe, *The Government of the Qin and Han Empires*, Cambridge: Hackett Publishing Company Press, 2006, p. 120.

世纪初，日本学者浅虎武夫提出了中国古代法律民、刑合一的论断。这暗含了中国古代就存在民法，但是混杂在了刑法当中的意味。受其影响，杨鸿烈在《中国法律发达史》（1930 年）中将刑法和民法区分开来，对历朝的法律都按刑法、民法分类叙述。[1]

"有民法"一派曾经不太受重视，但近二三十年来，由于大量新资料的出土和学术视角的转化，其影响力迅速上升。1996 年，黄宗智以清代法律为切入点，在海外挑战国际汉学界的主流认识，指出在官方的道德话语掩盖下，清代法律体系实际上具有丰富的民法内涵，主要体现在法律实践当中。[2] 2003 年，国内更是出版了卷帙浩繁的《中国民法通史》这一重要著作。该书篇章宏大，汇聚诸多杰出学者的研究，系统叙述从上古到近代的中国传统民法的发生、发展和演变，引发很多学者重新认识中国古代法律文化。[3] 因而，讨论中国古代民法也成为一个热点话题。

三、中国古代法律自有其逻辑，无所谓刑法、民法之别

中国古代法律自有其逻辑，无所谓刑法、民法之别（以下简称"自有逻辑"），这种独辟蹊径的观点主要由梁治平先生倡导，论述集中在专著《寻求自然秩序中的和谐》（2002 年）中。梁先生说道：

---

[1] 参见杨鸿烈：《中国法律发达史》，商务印书馆 1930 年版。

[2] 出于对"民法"争议的顾虑，黄先生在著作中，避免直接使用"民法"这个概念，而代之以"民事正义"（civil justice），see Philip Huang, *Civil Justice in China: Representation and Practice in the Qing* (Stanford: Stanford University Press, 1996)。但该书 2001 年中文版则使用了"民法"作为书名。参见黄宗智：《清代的法律、社会与文化：民法的表达与实践》，上海书店出版社 2001 年版。

[3] 参见韦森：《在哈佛读张晋蕃教授主编的〈中国民法通史〉》，载韦森：《市场、法治与民主：一个经济学家的日常思考》，上海人民出版社 2008 年版。

以往的学者着眼于中国古代有没有民法典，以及古代法典中民事规定少一类的表层现象，或谓中国古代没有民法典，或谓中国古代法乃是“诸法合一”。这种主要（通常是无意识地）从现代的西方立场去看待中国古代法的做法，没有例外的遮蔽对象物的自主意义，从而导致其完整性的丧失。本书认为，就其固有形态而言，中国古代法业以足够成熟，而根据其内在逻辑，不但民、刑分立缺乏依据，私法之说更是一种自相矛盾。[1]

梁先生对“无民法”和“有民法”两派观点都进行了深入剖析，认为其实质都是以西法思想来解释中国固有法律，有附会之嫌。梁先生还认为，中国古代存在将民事问题刑事化处理的倾向。例如，按唐律，欠债要受到刑罚，所以纠结于民法、刑法之有无实质上是无所谓的虚无命题。[2]

以上三派的看法针锋相对，虽然各有道理，但也都有可商榷之处。首先，我们来剖析“无民法”。这派观点的研究中存在三种错误：（1）被资料本身缺失、散逸所造成的假象所误导。这个问题在研究唐朝之前的法律时最为明显。唐律是现存最早的传世法典，此前历朝的律令大多散逸。现代学者能见到的唐朝之前的资料只是当时法律的残片或者间接存留。根据这些残片和间接存留，我们大体能判断当时的法律关注些什么，但很难判断其忽略了什么，以及不涉及什么。不少学者因为相关民法资料的缺失而断言中国古代不存

[1] 梁治平：《寻求自然秩序中的和谐》，中国政法大学出版社 2002 年版，第 9~10 页。
[2] 参见梁治平：《寻求自然秩序中的和谐》，中国政法大学出版社 2002 年版，第 237~241 页。

在民法，但这种论断已经被新发现的材料所严重质疑。[1]

（2）研究者对原始资料了解不全面、不深入，没见到本来存在的民法资料。以美国学者威廉·琼斯（William Jones）为例。琼斯曾依据乔治·托马斯·斯当东（George Thomas Staunton）勋爵1810年对《大清律例》的择要翻译研究中国古代法律。[2] 从这个译本中，琼斯没有见到民法性质的法规，所以认为清代没有民法。他还进一步断言，整个中国古代都不可能存在民法，因为中国传统上缺乏公民概念，而民法和公民密切相关。但大约在20年后，琼斯在自己翻译了《大清律例》全文后改变了原先的看法，因为他看到了很多自己先前所不知道的史料。[3]

（3）对民法抱有教条式的理解。这派学者往往囿于理论成见，否认中国古代存在民法的可能。徐忠明曾总结过：

> 在有些学者看来，由于传统中国缺乏个人主义、权利本位和私法自治这样一些被西方民法视为社会基础与观念基础的东西，所以传统中国没有“民法”可言。[4]

的确，民法本身具有重要的理论维度。但研究表明，这些被视为民法基础的观念在相当程度上是近现代概念，源自启蒙时代对古

[1] 详见后文论述。

[2] See William Jones, “Studying the Ch’ing Code—The Ta Ch’ing lü li,” *The American Journal of Comparative Law*, 1974, p. 356~357. 笔者举琼斯为例，是因为他是非常有眼光的学者，早在1974年，就已经很重视中国古代法律在世界法律文化中的地位。

[3] 黄宗智的研究说明，学者被官方话语的表述所误导了。清代官方表达给我们的印象似乎是民事诉讼不多，官员在处理诉讼时采用道德而不用法律，但在实际运作中情况完全相反：民事诉讼频发，官员依法审判，并且清朝有80多条律、300多条例都具有民事性质。参见黄宗智：《清代的法律、社会与文化：民法的表达与实践》，上海书店出版社2001年版，第5~9页。

[4] 徐忠明：《中国法律史研究的可能前景：超越西方，回归本土?》，载《政法论坛》2006年第1期。

希腊—罗马某些思想因素的重新塑造。例如，在古罗马法中也无现代意义上明确的“权利”概念，只是后人经常把古罗马法中的 *ius*（法）根据特定语境解读为“权利”。[1] 所以，如果机械地套用近现代民法概念，我们会得出古罗马民法也不是民法的悖论。这说明，以当代理念去衡量古代法律是不妥当的。退一步讲，无论我们如何理解“权利”概念的起源，我们都没有理由先入为主地排除这样一种可能：古代中国是否基于自身的思想资源和理念发展出了一套处置民事问题的法规，可称为民法？

其次，我们来剖析“有民法”观点。相对于“无民法”，“有民法”一派利用新资料纠正旧有偏见，为研究注入了新活力，极大地推动了学界全面认识中国古代法律文化。但美中不足的是，研究仍然脱离不了现代民法的“先入为主”。学者们倾向于采用现代概念和框架去分析和“塑造”中国古代资料，而这导致一个消极的后果：

> 概括地说，原本“井然有序”的传统中国法律的知识秩序，经由作为“异质”文化类型的西方法律概念和法学理论的解读以及重构，终于割裂了传统中国法律的知识秩序，也遮蔽了我们对传统中国法律知识秩序的认知；进一步来讲，这种研究范式还扭曲了我们对通过固有法律知识体系反映出来的传统中国的社会生活秩序的认知。[2]

以《中国民法通史·汉代》（2003 年）为例，该研究开拓了对汉代民法的系统化重构，贡献巨大。但其分析框架全部采用现代民

[1] “权利”概念的历史极其复杂，众说纷纭。参见方新军：《权利概念的历史》，载《法学研究》2007 年第 4 期。

[2] 徐忠明：《中国法律史研究的可能前景：超越西方，回归本土?》，载《政法论坛》2006 年第 1 期。

法概念：民事权利主体和权利客体、物权、债、婚姻与家庭、继承、民事诉讼等。[1] 这就产生了两个问题：(1) 无法表达中西古代法律概念的细微差异。例如，中国古代没有"权利"概念，那么在何种意义上可以讲"权利主体""物权""债权"？(2) 无法说明汉代民法的范畴与现代民法不同。以"婚姻法"为例，汉代涉及婚姻的法规通常是刑事化的。譬如"'娶亡人为妻'，法律明文规定要科以刑罚"[2]，那么将这种刑事化的法规视为汉代民法是否妥当呢？[3]

最后，就"自有逻辑"而言，这一派讲究从中国传统的逻辑出发来了解传统法律，指出了一条非常合理的研究路径，但这并不意味着讨论古代民法是虚无的话题。梁治平先生的论断主要依据唐律资料，其论证思路大致如此：法律对欠债等经济责任科以刑罚——古代有民事问题刑事化处理的倾向——传统法律无所谓刑法或民法之分。姑且不论这种看法对唐律是否公允，至少唐律不代表中国古代法律的全部，尤其不适用于唐代以前。

研究的百尺竿头如何更进一步？一靠挖掘史料，二靠思维转向。我们需要从能够反映古代法律运作的确凿史料出发展开多维度的研究，我们需要搁置那些先入为主的、基于欧洲历史经验的教条概念，转而关注中国古代法律的自身思想脉络和运作逻辑，以回答古

---

[1] 这是《中国民法通史》各章统一的框架。参见张晋藩主编：《中国民法通史》，福建人民出版社 2003 年版。

[2] 这是《中国民法通史》各章统一的框架。张晋藩主编：《中国民法通史》，福建人民出版社 2003 年版，第 213 页。

[3] 在讨论古代民法之前，研究者或许应该回答两个基本问题：第一，在古代法律实践中，国家有关审理机构以何种态度和方式来对待从现代立场看来貌似"民事"的纠纷（债务、土地、家产等）？是否与对待刑事纠纷有明显不同？第二，虽然一些律文关注的事宜在我们今天属于民事范畴，但古代法律概念和实践本身是否具有"刑事""民事"的区分？徐世虹对此进行过反思，参见徐世虹：《汉代社会中的非刑法法律机制》，载柳立言主编：《传统中国法律的理念与实践》，台北"中央研究院"历史语言研究所 2008 年版，第 309~342 页。

代中国是否存在民法这一命题。为此，本书聚焦于古代法制发展史上承前启后的战国—秦汉时代，以大量的案例分析表明在当时的中国，欠债、赔偿等经济问题并没被刑事化处理，并且顺着早期法律的内在逻辑，我们可以观察到明显的民、刑分立，所以本书论证：中国古代存在民法是一个历史事实。

第二节　概念的界定和方法论

本书力求从源头上切入古代民法有无之讨论，力求勾勒早期民法体系框架并诠释其独特品性。所谓“早期”本是一个宽泛的时间概念，在本书中主要是指战国—秦汉时代。这是古代民法发展的奠基时期，这一时代产生的民法规定、概念以及实践奠定了中国传统民法的基础，对后世产生了深远的影响。本书使用的“民法”这一术语需要特别给予说明。作为源自西方法律传统的词汇，该术语原本隐含有“个人产权”等寓意，但本书在使用该术语时剥离了这些现代—西方寓意，以便更好地反映早期在中国的语境。因此，本书所说的“民法”是指以“民事”方式处置民事问题的法规和实践，而这些法规和实践植根于独具特色的中国古典理念之中。

具体而言，这个定义包括以下三个维度：（1）“民事”问题指民众之间的经济或个人关系，包括赔偿、债务、继承、分家等事宜。大量的证据表明，战国—秦汉时期在官方视野中，这些事宜与犯罪有别，因而另归为一类。（2）国家颁布的相关法规和采取的举措具有“民事”的特色，即不采用抓捕、刑讯逼供等手段，对责任方一般不施加刑罚。（3）这些法规和举措基于独特的早期中国理念，如直、名分、民—私。

应该承认的是，本书对“民法”的定义并不完美，但该定义有两个优点值得学界重视和采纳：一方面，该定义从功用的角度出发，对古代民法的界定吻合学界所理解的民法之基本功能；另一方面，该定义避免了在使用民法概念时常见的话语陷阱，以预设一套西方概念为基准，通过花样翻新解读中国理念比附之，从而失去了事物的本真性。一言以蔽之，本书所说的“民法”是具有中国古典特色的民法，体现了中国古典的价值观，它的功用如同“西方—现代”民法那样保护私人的合法利益，但它的编码逻辑并不是围绕着“西方—现代”的个人财产权而展开的。

细心的读者可能会好奇该定义中为何没有涵盖礼俗？虽然从广义上讲，关涉民事问题的礼俗也应该被视为民法，[1] 但事实上，古代在官方视野中，礼俗并不属于“法”的范畴。例如，《语书》中明确说要用“法”来破除“俗”（是以圣王作为法度，以矫端民心，去其邪僻，除其恶俗）。[2] 当代学者在强调中国古代无民法时，他们所讲的“民法”也特指由国家颁布的相关法规，同样排除了礼俗（例如，何四维说“除了国家垄断的商贸之外，商贸和家庭关系不在公共权威的管辖范围之内，这些问题一直由习俗来解决”）。[3] 基于这两个原因，本书所定义的民法并不包括礼俗。

考虑到既有的种种成见，中国早期民法研究如何突破？这在很

---

[1] 著名法学家梅仲协先生说：“依余所信，礼为世界最古最完备之民事法规也。”参见梅仲协：《民法要义》，中国政法大学出版社 1998 年版，第 16 页。

[2] 《语书》是南郡太守下达给下辖各地的文书，开篇即言：“古者民各有乡俗，其所利及好恶不同，或不便于民，害于邦，是以圣王作为法度，以矫端民心，去其邪避（僻），除其恶俗。”参见睡虎地秦墓竹简整理小组编：《睡虎地秦墓竹简·语书》释文，文物出版社 1990 年版，第 13 页（以下简称《睡虎地》）。

[3] See *Cambridge History of China*：Vol. 1，p. 525.

大程度上取决于新材料的发现。不难理解前人学者为何会“一边倒”地关注刑法、刑罚，因为传世的古代法典，包括1975年出土的睡虎地秦简，似乎都一门心思地以“刑”来维护公共秩序。这种资料偏差影响人们的关注和判断，从而产生选择性偏差。[1] 但张家山汉墓竹简的发现和刊发使得学界耳目一新，激起学者对古代民法的强烈兴趣。

1983~1984年，在睡虎地秦墓西南方向约150公里的湖北江陵张家山247号汉墓出土了大量汉简，其中《二年律令》和《奏谳书》为法律文献。《奏谳书》是从春秋末到汉初的22则案例汇编，而《二年律令》是吕后二年（公元前186年）以前施行的法律，共包括27种律和1种令。[2] 这些律令绝大部分早已散逸，偶有律目和逸文散见于传世文献中。[3] 弥足珍贵的是，这些律令包含了大量的民事法规：《户律》（简306~346）和《置后律》（简368~390）是较为纯粹的民法，而《傅律》（简354~366）也可以算作民法。[4] 三者总计77枚简，约占《二年律令》的15%。此外，还有关于债务、赔偿等民法性质的律文散见于《贼律》《杂律》《田律》等处。《二年

[1] 1975年，湖北云梦睡虎地秦墓出土了大量简牍，时代为战国晚期及秦始皇时期，其中包括《秦律十八种》《效律》《秦律杂抄》《法律答问》《封诊式》五种法律文献。这是秦律实物首次为学界所见，引起了学界对早期法律的极大关注。但由于内容多为刑法，其零散的民事法规被掩盖和忽略了。类似地，在20世纪80年代出土并发表的青川木牍、龙岗秦简涉及土地制度，其实也和民法有关，但少有学者从民法角度进行研究。

[2] 首版发表于2001年，修订版发表于2006年。参见张家山二四七号汉墓竹简整理小组：《张家山汉墓竹简（二四七号墓）》（修订版），文物出版社2006年版（以下简称《张家山》）。

[3] 传世文献中的汉律遗文，参见清末沈家本《汉律摭遗》。张伯元先生曾将《二年律令》与《汉律摭遗》对比，得出如下结论：“尽管《摭遗》中少许汉律条目可以从《二年》中得到了印证，但是《二年》中的大部分律文内容尚须我们做深入的考察和研究。”参见张伯元：《〈汉律摭遗〉与〈二年律令〉比勘记》，载张伯元：《出土法律文献研究》，商务印书馆2005年版，第2页。

[4] 徐世虹曾对这个问题有过分析，参见徐世虹：《对汉代民法渊源的新认识》，载《郑州大学学报（哲学社会科学版）》2002年第3期。

律令》大量的民法律文是里程碑式的发现。在传世文献中，汉代《户律》仅存律目，具体内容荡然无存，而《置后律》和《傅律》更是连律目都不见于记载。这些民法律文是全新的发现，使我们第一次意识到，汉代竟然有这么丰富的民事立法。无怪乎，在2001年张家山汉简整理出版后，立刻激起了学者对中国早期民法的研究热潮。

实际上，在《二年律令》释文公布之前就有早期民法资料出土。这主要包括20世纪30年代、70年代发现的河西汉简中保留的一些债务、赔偿案例，买卖合同和零星律文；20世纪初出土于河南洛阳等地的汉代买地券；1973年湖北江陵凤凰山出土的汉代合伙经营契约《中服共侍约》；1984年江苏胥浦出土的汉代遗嘱《先令券书》；等等。这些资料也都曾引起学者的研究兴趣。但因为其内容非常零散和单薄，在还没有详细、系统的早期民事法规出土作为支撑的情况下，只能做些管窥蠡测式的研究，无法勾勒早期民法体系，也没有形成研究热点。

在张家山汉墓[1]发掘之后，又不断有新资料出土。例如，1987年于湖北荆门包山出土的楚简；1992~1993年发掘的近2万枚悬泉汉简；2003~2005年发掘的近4万枚里耶秦简；2004年长沙东牌楼出土的426枚东汉简；2003~2010年长沙五一广场出土的汉简；2006年睡虎地77号西汉墓出土的竹简；岳麓书院2007~2008年从香港古董市场收购和藏家捐赠的2000余枚秦简；2008年清华收藏2388枚战国简；2009~2010年北京大学收藏数千枚秦汉简牍；2018年荆州

---

[1] 除了247号墓外，张家山336号墓也出土了汉代律令。这批资料已于2023年发表，包括《功令》和《汉律十六章》。与247号墓《二年律令》相比，336号墓《汉律十六章》的《囚律》《迁律》《厩律》《朝律》不见于《二年律令》，但缺失了《户律》《置后律》等。参见荆州博物馆：《张家山汉墓竹简（336号墓）》，文物出版社2023年版。

胡家草场出土的西汉简牍；等等。[1] 这些新资料大多还处在整理阶段，但从已知的内容来看，这些资料有相当丰富的民法内容。相信这些新资料的陆续公布将继续带给我们惊喜。

总之，这些内容丰富的出土资料，为我们提供了新的养分和新的视角，促使我们重新审视传世文献。我们回头一看，原来很多早已存在的早期民法资料一直都被忽略了。正史常以批判口吻记载的争财、争田事例，稗官野史中充满传奇色彩的遗产纠纷、损失赔偿、财物归属争夺，其实都在一定程度上反映了古代民事诉讼：它们展现了法规的运用和影响，表明出土的律文不是空文。王充、郑玄、韦昭等先贤大儒的著作和经注中也常常透露出民法的信息。我们所能发掘的研究资料远比预想的丰富，所以有理由相信，系统性地勾勒早期民法并揭示其独特品性的时机已经基本成熟。

[1] 关于战国、秦汉出土法律文献的研究综述，参见沈颂金：《二十世纪简帛学研究》，学苑出版社 2003 年版，第 477~504 页；李明晓、赵久湘：《散见战国秦汉简帛法律文献整理与研究》，西南师范大学出版社 2011 年版；徐世虹：《百年回顾：出土法律文献与秦汉律令研究》，载《上海师范大学学报（哲学社会科学版）》2011 年第 5 期。

第一章

早期“民事”[1] 案例

确凿可信的案例是我们探索古代法律的基础。本章将系统研究已知的早期“民事”案例，从中归纳“民事”诉讼的特点。由于资料原因，重点放在汉代居延简中保留的相关案件，论证“民事”诉讼最晚在汉代已经形成较成熟的体系。汉代对债务、赔偿等经济纠纷的处理方式明显与刑事案件有别，体现出五个显著特征：

（1）个人就债务、赔偿等财产问题对他人提出诉讼。

（2）国家仅搞清楚是非曲直，为原告估算合理的赔偿或财产分割。

（3）如果遇到逃避、拖延现象，则由获胜原告去要求、决定是否坚持执行判决索赔，国家不主动去追索逃避者。

（4）不运用笞刑、劳役、监禁、肉刑、死刑等刑罚，也不连带行政惩罚。

（5）在估量赔偿、债务等问题时，诉讼双方的社会地位不是一个考虑因素（理论上）。双方在法律上被视为平等个体。社会地位高者没有法律赋予的特权。

---

[1] 本书在证明早期中国存在民法之前，暂且对其加以引号以示区别。

第一节 西周金文和楚简、秦简所反映的“民事”诉讼萌芽

“民事”诉讼的萌芽似乎可以追溯到西周时期。1988年胡留元和冯卓慧先生在《西周法制史》中注意到西周金文记载着一些“民事”诉讼案例。[1] 冯先生于2009年又详细分析了西周金文《曶鼎》(周恭王时期)记载的奴隶买卖纠纷、《五年、六年琱生簋》(公元前823~前822年)记载的田土纠纷以及《鬲攸从鼎》(公元前795年)记载的土地租赁纠纷，认为它们证明西周确实存在民事诉讼制度。冯先生进而主要利用《周礼》的记载，总结了西周民事诉讼制度的特点，认为“西周的民事诉讼制度在当时的世界上是较为先进与完善的，比古巴比伦《汉谟拉比法典》、罗马《十二表法》先进”。[2]

这项研究的论证和结论都值得商榷。首先，从方法和资料上看，分析上述3个判例固然可以证明西周存在一些“民事”案件，但很难将其上升到制度层面。在这个层面上，我们需要知道当时是否有相应的法规，是否有正式的、常规的程序和渠道受理这类案件。据笔者统计，已知西周金文案例共有6件可算作“民事”诉

[1] 参见胡留元、冯卓慧：《西周法制史》，陕西人民出版社1988年版，第284~302页。美国学者郭锦(Laura Skosey)接受并发展了冯卓慧的看法。See Laura Skosey, *The Legal System and Legal Tradition of the Western Zhou CA 1045-771 B. C. E.* (Chicago: University of Chicago Press, 1996), pp. 272~281.

[2] 冯卓慧：《从传世的和新出土的陕西金文及先秦文献看西周的民事诉讼制度》，载《法律科学(西北政法大学学报)》2009年第4期。杨一凡先生有类似的观点，参见杨一凡：《中华法系研究中的一个重大误区——“诸法合体、民刑不分”说质疑》，载《中国社会科学》2002年第6期。

讼。除已列举的3件外，还有《五祀裘卫鼎》之田地交易（公元前913年）、《鬲攸盨》之田地交易（公元前801年）、《倗生簋》之以马易田（约公元前917~前900年）。不难发现，这些案例基本都与土地有关。[1]

例如，著名的《倗生簋》铭文记载：

> 唯正月初吉癸巳，王在成周。格伯受良马乘于倗生。厥贾卅田，则析。格伯履，殴妊彶佗厥从。格伯安彶甸，殷厥纫，零谷杜木，边谷旅桑。涉东门，厥书史戠武立，盟成。垒铸保簋，用典格伯田。其万年，子子孙孙永保用。[2]

在该案例中，格伯给倗生4匹马交换了对方的30田，格伯巡视了新的土地并将此事铭刻在簋上。这显然可以视为以以物易物形式完成的一桩土地买卖。

又如，《五祀裘卫鼎》记录了邦君厉与裘卫两个贵族之间的土地纠纷，邢伯和4名官员充当了裁判官。案件梗概大致如此：邦君厉曾因为开建水利工程而允诺赔偿裘卫一些田地（可能是因为裘卫的田地受到水利设施的负面影响），但他后来却食言了。裘卫很不满，因此向有关官员告状。于是，邢伯等官员出面处理这起纠纷，讯问了邦君厉并责令他履行承诺。[3] 这个案件的特点与之前分析的《倗生簋》中的案件非常相似，都是贵族之间的土地纠纷，裁判官也都是贵族。

这种特点大概反映出西周时代商品经济非常薄弱，因交易而产

---

[1] 这与汉代居延案例以债务为主形成鲜明对比。

[2] 中国社会科学院考古研究所编：《殷周金文集成释文》（第2卷），香港中文大学中国文化研究所2001年版，第402页。

[3] 1975年出土于陕西岐山，现保存于陕西历史博物馆。铭文见《殷周金文集成释文》第3册，第375页。

生的纠纷也就很稀少。相对比而言，农业经济极其重视土地，因为土地是贵族维系特权和统治的基础，所以有限的“民事”纠纷大多因土地而起。又由于西周实行井田制，[1] 土地不能自由买卖，所以土地纠纷只发生在大贵族之间，因为他们有权势凌驾于制度之上。换言之，虽然号称“普天之下，莫非王土”，但对大贵族来说是例外。血统和政治地位赋予了他们对土地的实际掌控权，周天子对此持默许态度。大贵族可以按自己的意志买卖和交换手中的土地，出现纠纷还可通过准司法途径来解决。但对于这类纠纷，国家不可能有正式的立法和明确的制度，因为那就等于正式否认了井田制。这就解释了为何在已知案件的审理过程中，没有见到任何法规被援引为裁判依据。整个审判过程很像所谓的“卡迪司法”：就事论事，依靠伦理、常情来判定是非，还谈不上制度化、系统化的民事诉讼体系。[2]

而文献学的研究表明《周礼》成书远晚于西周；钱穆、杨向奎、顾颉刚等都认为它成书于战国时代。[3] 在内容上，该书具有浓厚的儒家理想化色彩，经过后儒的多次修饰。用这样的文本来印证西周

---

[1] 关于金文所反映的井田制，参见李零：《西周金文中的土地制度》，载陈平原等主编：《学人》第2辑，江苏文艺出版社1992年版。李学勤先生也讨论过这个问题，参见李学勤：《西周金文中的土地转让》，载《光明日报》1983年11月30日。李学勤先生认为，这些记录表明井田制下土地可以买卖。不过，笔者以为这些土地交易是特例，体现的不是制度，而是大贵族凌驾于制度之上的特权。

[2] 所谓“卡迪司法”（Khadi Justice）是马克斯·韦伯提出的一种概念，用于对法律类型的分类。关于韦伯，参见林端：《韦伯论中国法律传统：韦伯比较社会学的批判》，三民书局股份有限公司2003年版。

[3] 《周礼》的成书时代曾经众说纷纭，有从周公所作到刘歆伪作两个极端，但当代学术界主流上认为其成书于战国时期。相关研究参见钱穆：《周官制作时代考》，载《燕京学报》1932年第11期；杨向奎：《〈周礼〉的内容分析及其成书年代》，载杨向奎：《绎史斋文集》，上海人民出版社1980年版；顾颉刚：《“周公制礼”的传说和〈周官〉一书的出现》，载中华书局编辑部编：《文史》第6辑，中华书局1979年版。

时的制度不太妥当。书中存在很多后人对古制的想象和演绎成分，恐不能作为依据。而用《周礼》的注疏来分析西周制度就更难以让人信服，因为注疏者常将自己时代的一些事物或理念投射到过去。

虽然有可商榷之处，但冯先生的研究表明西周已经存在买卖、田土纠纷，并且在处理这些纠纷时没有采用刑事化的手段。例如，《曶鼎》和《鬲攸从鼎》记载的案件都由争讼双方出庭抗辩，案件处理结果也基本不涉及刑罚（《鬲攸从鼎》涉及轻度的刑罚）。所以从这些案例中，我们可以窥测到早期“民事”诉讼的萌芽。这个萌芽是相当初期的，还有没出现相关法规，并且“民事”纠纷是超制度特权的运作结果，局限于大贵族之间。我们无法推测广大庶民和下层贵族是否有类似的“民事”纠纷，如果有又如何解决。

春秋时期的“民事”纠纷大体延续了西周时代的贵族特色[1]，但在战国中期的包山楚简中出现了庶民间的相关纠纷。包山楚简中存在相当多的司法文书，凸显了战国中期楚国的司法制度。[2] 早在1992年，李学勤先生就关注到包山楚简记录的土地纠纷案例。李先生还考释了一则土地继承、买卖案例，指出它印证了战国中期土地可以买卖并且出现了土地兼并。[3] 在此基础上，刘金华先生于2001年作出进一步研究。他认为，包山楚简时代的楚国正在经历日益激

---

[1] 参见宁全红：《春秋法制史研究》，四川大学出版社2009年版，第170~180页。

[2] 参见湖北省荆沙铁路考古队编：《包山楚简》，文物出版社1991年版。包山楚简1987年出土于湖北省沙洋县包山2号战国楚墓，共有279枚简牍。该简的最佳释文，参见陈伟等：《楚地出土战国简册［十四种］》，经济科学出版社2009年版。相关研究，参见陈伟：《包山楚简初探》，武汉大学出版社1996年版，第132~149页；Susan Weld，“Chu Law in Action：Legal Documents from Tomb 2 at Baoshan，” in *Defining Chu：Image and Reality in Ancient China*，Constance A. Cook and John S. Major，eds.（Honolulu：University of Hawaii Press，1999），p. 77~97。

[3] 参见李学勤：《包山楚简中的土地买卖》，载《中国文物报》1992年3月22日。

烈的土地私有化进程，所以“因土地抵押、交换、赔偿、租赁、赠与等活动引起的纠纷也就更加复杂”[1]；有土地私有权的问题，有因为土地转让而产生的问题，有土地买卖和继承问题，还有借贷、债务等问题。刘先生得出结论：“楚人不仅在财产所有权，人身关系方面有了相当多的法律实践，而且在债权法律关系方面也有相当程度的涉足。”[2]

的确如此，包山楚简中涉及财产纠纷的案件很多。根据陈伟先生统计，《疋狱》共有29案悉知事由，可分为“掠去人口”“人身伤害”“财产债务纠纷”等五大类。其中，“财产债务纠纷”包括“葬于其土”“赇田”“债”等7件案件，占总数的24%。[3] 我们统观这些财产债务纠纷，没有发现对它们的处理采用了刑事手段，其处理结果也没有涉及刑罚，所以可以被称为“民事”案件。

最值得我们注意的是，与西周金文案例纯为贵族间的纠纷不同，包山楚简记录的纠纷多涉及庶民阶层。以简91（“葬于其土”案）为例：

> 九月戊申之日，佶大戠六命（令）周杀之人周雁讼付舆之关人周瑶、周敝，胃（谓）葬于其土，瑶、敕与雁成。唯周鼷之妻葬焉。疋忻戠（识）之，郘从为李。[4]

这件文书记录了周雁与周瑶、周敝两人的诉讼。起因是后两人将自己的亲属埋葬到了周雁的地里，在官方的调解下，双方达成了和解。该案件的“民事”特点一目了然。文书中将起诉方称作“佶

[1] 刘金华：《从〈包山楚简〉看楚国的民事法律关系》，载《江汉考古》2001年第2期。
[2] 刘金华：《从〈包山楚简〉看楚国的民事法律关系》，载《江汉考古》2001年第2期。
[3] 参见陈伟：《包山楚简初探》，武汉大学出版社1996年版，第133~134页。
[4] 陈伟等：《楚地出土战国简册［十四种］·包山2号墓简册》，经济科学出版社2009年版，第37页。

大践六命（令）周杀之人”，这表明他是贵族官员周杀的依附民；而应诉方被称为“关人某某”，相当于后世的编户齐民。[1] 考虑到诉讼双方姓名前均无任何爵位或头衔，我们可以肯定双方都是庶民。由此可知，这是庶民间的一起“民事”纠纷。这说明，在这个时期，庶人已经对土地拥有了一些掌控，享有一些受法律保护的利益。

与西周金文资料相比较，我们发现在包山楚简中，“民事”案件不但数量多，因由多样化，而且当事人主要是庶民。可能有学者会说这种对比结果反映了地域差异：西周金文中的案例集中在北方地区，而包山楚简代表的楚国有所谓“南蛮”的历史背景，所以司法传统可能有所区别。但放到更大的历史背景下考量，这种对比反映的应该是时代变化。从西周到战国时代，各诸侯国的社会和经济发生了巨大的变化：商品经济由微不足道发展为非常重要，土地由“国有”变为“私有”，庶民获得了参与商业活动的自由并且拥有了土地，由此而产生的经济纠纷也日益增多。这使“民事”类诉讼开始发展，适用人群扩大到了底层民众，有关立法活动可能也产生了。但可惜到目前为止，包山楚简法律文书中只见案例，未见法规。

包山楚简中的缺憾在湖北云梦睡虎地和龙岗秦简中得到了弥补。两处秦简之内容虽然基本上都是刑法，但掺杂了若干条关于继承和赔偿的法规（详见后文）。睡虎地出土的秦简中有“争牛”一案，颇为有趣：

某里公士甲、士五（伍）乙诣牛一，黑牝曼牽（縻）有

[1] 陈伟先生指出，称呼某地“人”的“人”相当于后世的编户齐民，称呼“某人之人”的“某人”是处于主导地位的，基本上是贵族或官员，而“人”则是依附者。参见陈伟：《包山楚简初探》，武汉大学出版社 1996 年版，第 110~112 页。此外，关于楚国爵制，参见顾久幸：《“执圭”杂考——兼论楚国爵制》，载《江汉论坛》1992 年第 5 期。

角，告曰：“此甲、乙牛殹（也），而亡，各识，共诣来争之。”即令令史某齿牛，牛六岁矣。[1]

该案例中的“两造”都属于庶民阶层：一个是仅有最低爵位的公士，另一个是无爵的士伍。两人为了一头牛的归属到官府争讼，官府检查了牛的年龄，发现该牛六岁。可以想见，官府事先让两人自行陈述自己牛的年龄，然后再核对真伪。这些处理方法显然不是刑事案件的特点。

综合以上分析，我们发现一个规律：从金文到楚简再到秦简，“民事”案件逐渐繁多起来，庶民阶层逐渐介入。这些案件的内容多为经济纠纷，对其处理一般不涉及刑罚。特别值得一提的是，陈伟先生注意到，包山楚简中关涉公务的诉讼由主管官员提出，而关涉私人事务的诉讼由受侵犯者本人或亲属提出。这触及了诉讼程序上的差异。[2] 但即使到了秦代，可供分析的相关案例和法规仍然是凤毛麟角，以至于无法搞清楚“民事”案件和刑事案件到底有哪些区别。[3] 然而一进入汉代，大量的“民事”法规就涌现出来，大量相关纠纷进入了我们的视野。其涉及的人群复杂，地域广泛，因而“民事”诉讼与刑事诉讼之间的区别相当清晰地呈现出来。

第二节　汉代案件所见“民事”与刑事诉讼之区别

曾有学者总结过：“汉代的民事诉讼研究，在 20 世纪 70 年代以

---

[1] 《睡虎地·释文》，第 152 页。

[2] 参见陈伟：《包山楚简初探》，武汉大学出版社 1996 年版，第 134 页。

[3] 在政治尚未大一统的先秦，各诸侯国间的法律差异应该是有的，但不能过分夸大其影响。由于法律可以被模仿和学习，地域差异并不必然影响法律体系跨区域的同质性。

前一直归于沉寂，人们涉猎甚寡。其主要原因大概有二：一是对汉代民事法律的研究重视不够，二是可资研究的史料也确实不多。然而伴随着 1973~1974 年居延汉简的出土，尤其是《候粟君所责寇恩事》册书的面世，汉代民事诉讼的具体实态第一次展示于人。缘此，有关这一问题的研究开始打破沉寂，时见论考发表。”[1] 本书的讨论也不例外，要从居延案例入手。

一、候粟君责寇恩

《候粟君所责寇恩事》1974 年出土于内蒙古额尔济纳地区（古居延），1978 年刊布于《文物》。文书包括 36 枚木简，记载了建武三年（公元 27 年），候官（中级军官，600 石）粟与平民寇恩之间的一笔合同债务纠纷（以下简称寇恩案）。[2] 案件梗概如此：公元 28 年 1 月 30 日，都乡啬夫宫收到居延县廷转发的一份起诉文书，粟起诉寇恩欠债。于是宫召唤寇恩进行调查。宫首先给寇恩交待了有关法规。

> 先以证财物故不以实，臧五百以上，辞已定，满三日而不更言请者，以辞所出入，罪反罪之律辨告。（《新简》E. P. F. 22）

然后开始验问。寇恩声称，粟曾经打算让两位部下去市场卖

---

[1] 徐世虹：《汉代民事诉讼程序考述》，载《政法论坛》2001 年第 6 期。

[2] 参见甘肃居延考古队简册整理小组：《“建武三年候粟君所责寇恩事”释文》，载《文物》1978 年第 1 期；甘肃省文物考古研究所等编：《居延新简：甲渠候官与第四燧》，文物出版社 1990 年版，第 475~478 页（以下简称《新简》）。早期研究文章有，俞伟超：《略释汉代狱辞文例——一份治狱材料初探》，载《文物》1978 年第 1 期；A. F. P. Hulsewé，“A Lawsuit of A. D. 28,” in *Studia Sino-Mongolica* , *Wiesbanden*：Franz Steiner Verlag，1979；初师宾、萧亢达：《居延新简责寇恩事的几个问题》，载《考古与文物》1981 年第 3 期；[日] 大庭修：《秦汉法制史研究》，林剑鸣等译，上海人民出版社 1991 年版，第 520~540 页。本章对纪年的换算采用了何四维的说法。

鱼，部下不能去，于是给了粟一笔资金用来雇佣寇恩。粟要求寇恩出售 5000 尾鱼，预期总价 40 万钱，并预先支付了一头公牛和 27 石谷物作为酬劳。但寇恩没能卖足 40 万钱。作为补偿，寇恩出售了公牛，并采用馈赠实物和让儿子为粟义务打工的方式，补足了 40 万钱。所以寇恩认为自己不欠任何债。

公元 28 年 2 月 12 日，宫再次验问寇恩，程序和上次相同，寇恩证词也基本相同。公元 28 年 2 月 15 日，宫给县廷上报讯问结果，认为寇恩没有欠债。公元 28 年 2 月 24 日，案件发生了重大转折。《新简》E. P. F. 22. 34~36 记载：

> 居延令守丞胜移甲渠候官。候所责男子寇恩［事］，乡置辞，爰书自证。写移书到□□□□□辞，爰书自证。须以政不直者法，亟报。如律令。掾党、守令史赏。建武三年十二月候粟君所责寇恩事。

县廷将原告粟的证词转给居延都尉府，身为原告的粟反而被以“政不直”的罪名处罚。[1] 此简册一发表就引起国际关注。1979 年，秦汉法史专家何四维详细研究了该案，案件的结局令他颇为困惑。他认为“须以政不直者法”是用来判定粟“行政管理上不诚实”（dishonesty in administration）的罪名的，但案件是债务纠纷，由此发问：

> 这是一宗民事诉讼还是刑事诉讼？或者，在我们（笔者案：现代西方）社会将会被认为是民事诉讼的案件，［在中国汉代］

［1］该简册有些残缺，因此不太清楚最终如何结案。邢义田甚至认为现有简册只是记录整个案件的一小部分内容。参见《汉代书佐文书用语“它如某某”及〈建武三年候粟君责寇恩事〉简册档案的构成》，载《“中央研究院”历史语言研究所集刊》第 70 本第三分。需要说明：对“政不直”存在多种理解，详见后文论述。

> 不可避免地被纳入刑事范畴？以至于一个利益要求（笔者案：民事）自动被转化为一项指控（笔者案：刑事）？[1]

何四维以民事问题的刑事化为切入点，直指汉代有无民事诉讼。但由于当时相关资料太少，他坦言自己无法回答。

中、日学者对此案也非常关注。俞伟超先生将此案定性为治狱材料，也就是刑事案例。[2] 但张建国先生于 1996 年提出该案是民事诉讼。他将“须以政不直者法”与上文“爰书自证”连读，认为这是在正式验问粟之前告知他的一条律文，并非指控或判决。所以张先生并没有怀疑该案是否存在民事问题刑事化倾向。[3] 2001 年徐世虹先生也径直将此案定性为民事案例，并用来分析汉代民事诉讼程序。[4] 日本学者籾山明则对何四维的问题颇为关注。他认为“须以政不直者法”意味着“等审理结果下来后，依法对不直之人定罪”[5]。换言之，寇恩和粟都有可能被论罪。进而他推测，“即使争财诉讼，其主张也有不合情理的方面，这可以被视为有罪”，因而得出了民事与刑事没有明显区别的看法。[6]

显然，对寇恩案定性的关键在于如何理解“政不直”一句。在

---

[1] Hulsewé, “A Lawsuit of A. D. 28.” .

[2] 参见俞伟超：《略释汉代狱辞文例》。

[3] 参见张建国：《居延新汉简“粟君债寇恩”民事诉讼个案研究》，载《中外法学》1996 年第 5 期；Hulsewé, “A Lawsuit of A. D. 28”；初师宾、萧亢达：《居延新简责寇恩事的几个问题》；大庭修：《秦汉法制史研究》，第 535 页；徐世虹：《汉代民事诉讼程序考述》。

[4] 参见徐世虹：《汉代民事诉讼程序考述》。

[5] ［日］籾山明：《中国古代诉讼制度研究》，李力译，上海古籍出版社 2009 年版，第 127～129 页。籾山明的解读来自裘锡圭。裘先生认为：政=正，而“须”是等待的意思，所以“须以政不直者法”是说：“等待甲渠候的自证爰书以断案，使不直的那个人（可以是寇恩，也可以是甲渠候）依法受到严惩。”参见裘锡圭：《新发现的居延汉简的几个问题》，载裘锡圭：《古文字论集》，中华书局 1992 年版。

[6] 参见［日］籾山明：《中国古代诉讼制度研究》，李力译，上海古籍出版社 2009 年版，第 140 页。

已有的几种解读中，以“行政管理中的不诚实”判决粟（何四维等的观点）较为主流。但有一个疑点：“行政管理中的不诚实”意味着行政上、下级关系，意味着滥用职权。但寇恩与粟分属民政与军队两个系统，双方只存在合同雇佣关系，何来上、下级？何来滥用职权？[1] 然而，如果我们放宽、放远视线，就会发现粟滥用职权的情节。[2] 寇恩在回忆纠纷起因时不经意间揭发了粟：

去年十二月中，甲渠令史华商、尉史周育当为候粟君载鱼之卢得卖。商、育不能行。商即出牛一头，黄、特、齿八岁，平贾值六十石，与它谷十五石，为［谷］七十五石，育出牛一头，黑、特、齿五岁，平贾值六十石，与它谷卌石，凡为谷百石，皆予粟君，以当载鱼就直。(《新简》E. P. F. 22：3~6)

粟的这些行为显然是违法的：身为中级军官却从事商业活动，要求下属缺勤为自己去市场卖鱼，接受下属的献金去雇佣他人；查实后必然要受到惩罚。下面这件元寿二年（公元前 1 年）的案例可以佐证：

［元寿二年］张掖居延都尉博库守丞贤兼行丞事谓甲渠鄣候言：候长杨褒私使卒并积一日，卖羊部吏故贵卌五，不日迹一日以上；燧长张谭毋状，请斥免。　(《新简》E. P. T. 59：548a)[3]

这个案例中的候长杨褒，因为驱使部卒为自己干私活、牟利而

---

［1］ 籾山明说，正是这个疑点促使他改变自己最初的解读而接受了裘先生的看法。

［2］ 张建国有过类似猜测，但因为对“政不直”理解偏差，以至于此猜测一闪而过，没有考究下去。

［3］《新简》，第 393~394 页。在汉简中，“燧”字还常被写作“隧”。本书引用时，一律转换为“燧”。

被免职。与杨褒相比较，粟的情节要严重得多，受到刑罚自然不足为怪。所以将“政不直”理解为“行政管理上的不诚实”是合理的。这样，我们部分地澄清了何四维的问题：虽然粟受到处罚是刑事问题，但这另有原因，和债务问题无关。

那么寇恩的债务问题在当时人眼中是什么性质？从寇恩被判定不欠债这个结果时，我们无法推测其性质。我们需要知道：如果寇恩欠债，那等待他的是什么？如果是刑罚，则说明债务问题被当作危害社会的刑事问题来处理；[1] 如果仅仅是还钱或赔偿，则说明被当作民事纠纷来处理。寇恩案本身缺乏相关信息，但下面这个案例为我们提供了线索。

二、张宗讼赵宣赔偿死马

永始二年（公元前15年），也就是寇恩案发生的42年前，居延曾经发生过一件死马赔偿案。被告赵宣被勒令还债，但没有受到任何刑事指控和刑罚（以下简称赵宣案）。案件记录如下：

> 书曰：大昌里男子张宗责居延甲渠收虏燧长赵宣马钱凡四千九百二十，将召宣诣官，□以□财物故不实臧二百五十以上□已□□□□□□□辟☑。赵氏故为收虏燧长，属士吏张禹宣与禹同治。乃永始二年正月中，禹病，禹弟宗自将驿牝胡马一匹来视禹。□死。其月不害日，宗见塞外有野橐佗□□□☑宗马出塞逐橐佗，行可卅余里，得橐佗一匹。还未到燧。宗马萃僵死。宣以死马更所得橐佗归宗，宗不肯受。宣谓宗曰：强使宣

[1] 这也就是何四维所担心的：“在我们（现代西方）社会将会被认为是民事诉讼的案件，（在中国汉代）不可避免地被纳入刑事范畴？以至于一个利益要求（民事）自动被转化为一项指控（刑事）？”

行马，幸萃死，不以偿宗马也。☑□共平宗马，直七千，令宣偿宗。宣立以□钱千六百付宗。其三年四月中，宗使肩水府功曹受子渊责宣。子渊从故甲渠候杨君取直，三年二月尽六……(以下残缺；简 229. 1~2)[1]

由于案件记录残缺较严重，丢失了很多关键信息，所以有一些疑点亟须辨析。

首先，原告“大昌里男子张宗”是什么身份？张伯元先生据《新简》E. P. T. 43. 5“第十七候史张宗”，认为原告张宗是候史身份。[2] 但这恐怕是另有其人。居延官文书称呼人时一般要加头衔。例如：

灭虏燧戍卒梁国蒙东阳里公乘左咸，年卅六，自言责故乐哉燧长张中实皂炼一匹直千二百。(《合校》35. 6)

第廿三候长赵佣，责居延骑士常池马钱九千五百……(《合校》35. 4)

如果原告张宗是“第十七候史”，则在案件记录中也应该被称呼为“第十七候史”。从仅称呼他为“大昌里男子”可知他是庶民身份，甚至没有任何爵位。[3]

其次，有两个与钱数有关的奇怪现象。死马估价为 7000 钱，被告赵宣现场赔付了 1600 钱，还剩余 5400 钱未偿付，但为何文书只追

[1] 谢桂华等：《居延汉简释文合校》，文物出版社 1987 年版，第 371 页（以下简称《合校》）。对此案的分析，参考徐世虹：《汉代民事诉讼程序考述》；张伯元：《张宗、赵宣赔偿纠纷案解说》，载张伯元：《出土法律文献研究》，商务印书馆 2005 年版。

[2] 参见张伯元：《张宗、赵宣赔偿纠纷案解说》。

[3] 汉代 20 等爵制研究，参见［日］西岛定生：《中国古代帝国的形成与结构：二十等爵制研究》，武尚清译，中华书局 2004 年版；高敏：《论两汉赐爵制度的历史演变》，载氏著：《秦汉史论集》，中州书画社 1982 年版。

讨4920钱？[1] 类似地，残册结尾处有“三年二月尽六”。张伯元先生认为这是追债结果，即扣除赵宣永始三年（公元前14年）二月至六月的俸钱用于还债，并推算出是4500钱（月俸900钱）。但为何这又不足文书追讨的4920钱？

这两个奇怪现象促使我们转换思路。原先欠债5400钱，此次追债4920钱，可见此前曾要回过480钱。这样思考，则残册的最后一段文字并非记录此次追债的结果，而是追述上次讨债时的情况。我们回顾一下这段文字：

> 其三年四月中，宗使肩水府功曹受子渊责宣。子渊从故甲渠候杨君取直，三年二月尽六……（以下残缺）

上次讨债可谓颇费周折。在对方赖账一年多的情况下，张宗于永始三年（公元前14年）四月请求肩水都尉府功曹受子渊出面；受子渊找到居延都尉府甲渠候官杨君；杨君扣除部下赵宣当年二月至六月的俸钱用于还债。[2] 由于燧长月俸有600钱和900钱两种可能，[3] 所以这笔钱应该在3000~4500钱。但这里又出现了一个钱数问题：我们推测张宗只追回了480钱，为何扣除赵宣的钱却如此之多？由于内容残缺，这只能是一个未解之谜了。

---

[1] 张伯元先生推测或许赵宣曾经用死马肉、马骨抵销过一定额度的债钱。但文书中提到赵宣曾想将死马给张宗，但张宗不接受：“宣以死马更所得橐佗归宗，□不肯受。”而且，即便有交付马肉、马骨一事，这也很可能是在判定的7000钱赔偿金以外。敦煌简有一例“和令少仲出钱三千及死马骨肉付循请平”，可见死马骨、马肉不能用于充抵赔偿金（后文将详细分析这个案例）。

[2] 四月追债，为何从当年二月扣起？这可能是因为二月至四月的俸钱碰巧还没发放。这种“未得俸”现象并不罕见，仅《新简》和《合校》中就记录了19例之多，参见李均明、刘军编：《汉代屯戍遗简法律志》，科学出版社1994年版，第408~410页。

[3] 参见陈梦家：《汉简所见奉例》，载陈梦家：《汉简缀述》，中华书局1980年版。或许月俸随时代不同而有所变化（陈梦家观点），又或者根据具体岗哨的危险程度不同而变化（笔者猜测），不可一概而论。

若以上推测无误，则张宗为了死马一事，至少采取了三次行动：第一次是永始二年（公元前 15 年）正月马死索赔（得 1600 钱），第二次是永始三年（公元前 14 年）四月联合子渊首次追债（得 480 钱），第三次是本册书记录的再次追债（索 4920 钱，具体日期和情况不详）。在整个过程中，张宗不惜周折，全力追索应得的赔偿，而赵宣总是千方百计拖延，所以情节颇为曲折。我们前面说的两个奇怪现象，其实是对讨债困难和次数估计不足而产生的误解。

最后，还有一个问题：赵宣是否因为赖账而受到刑罚或行政处罚？刑罚显然没有，但张伯元先生提出赵宣受到了行政处罚：因为赖账而被贬为燧卒。[1] 理由是：文书说“赵氏故为收虏燧长”，“故”字证明赵宣不再担任燧长；《合校》记录有“□□起六月丁丑，鸡鸣时当曲燧卒赵宣”（简 161.2），而永始四年（公元前 13 年）六月六日是丁丑日，所以赵宣永始四年（公元前 13 年）是当曲燧卒；赵宣永始二年（公元前 15 年）欠债时为燧长而永始四年（公元前 13 年）却是燧卒，这说明他因为欠债而被贬职。笔者以为这个论证很值得商榷。

第一，“六月丁丑”存在很多种可能。以赵宣所生活的汉成帝时期为例，除了永始四年（公元前 13 年）六月六日外，还可能是永始元年（公元前 16 年）六月十七日（庚申朔）、鸿嘉四年（公元前 17 年）六月十三日（乙丑朔）、鸿嘉元年（公元前 20 年）六月二十五日（癸丑朔）等。这些日子都在赵宣赖账之前。所以赵宣可能在赖账前就是当曲燧卒，而非赖账后被贬为燧卒。

[1] 参见张伯元：《张宗、赵宣赔偿纠纷案解说》。

第二，赵宣很可能是重名。河西汉简中，“赵宣”多次出现。除了已见到的两例外，还有三例：[1]

戍卒张掖郡居延昌里大夫赵宣年卅。(《合校》137.2)

省卒赵宣伐财用檄到召□□诣官毋后司马都吏。(《额济纳》2000ES7SF1：6B)

居延甲渠止北燧长居延累山里赵宣入奉钱六百还。(《额济纳》2000ES7SF1：13)

可见，“赵宣”这个名字与五种身份有关：当曲燧卒、居延昌里大夫、省卒、收虏燧长、止北燧长。我们很难将这五种身份都归为同一人。

第三，对“故”字的解释还要关照到文书开头“张宗责居延甲渠收虏燧长赵宣马钱”。这里没有在头衔前加“故”字，表明在最后一次追债时赵宣还在收虏遂长任上。若赵宣曾因为赖账被贬，为何在仍然赖账4920钱的情况下又恢复原职？所以用被贬来解释“故”字欠妥。“故为收虏燧长”的“故”可能是和“为”结合起来，表示过去存在的状态，并不必然意味着现在就不是。[2] 事实上，居延共出土了多件债务诉讼案例，其中有数十名被告是燧长、候史之类的军官或吏员，但却找不到他们因欠债被降职的任何证据（见附录），可见这种做法基本上是不存在的。

在解决了文书中的疑点后，我们发现该案例有三个显著特点：

(1) 被告赵宣被认定有债务责任，但没有因此而受到刑事处罚，只是被勒令还债给张宗。

---

[1] 参见《合校》，第228页；孙家洲主编：《额济纳汉简释文校本》，文物出版社2007年版，第31~32页。

[2] 这种用法在古汉语中似不常见。

(2) 赵宣的军职和服役也没有受到债务的影响，没有受到行政处罚。

(3) 赵宣很大程度上拖延偿还债务，迫使原告多次提出追债要求。这一方面表明，被告的人身自由没有受到限制，没有因债务而入狱等；另一方面也表明，如果遇到拖欠，胜诉方必须主动请求国家帮助追债。这凸显出胜诉方的个人意愿决定了是否执行判决，以及执行到何等程度。

这些特征都与汉代常见的刑事诉讼形成了鲜明对比。在刑事诉讼中（杀人、抢劫、盗窃等），如果被告被认定为有罪，一般要受到刑罚；若是公职人员，同时还要受到行政惩罚。在执行判决上，起决定作用的是国家意志，原告没有必要、也无权力要求国家如何执行判决。如果罪犯逃亡，国家自会启动追捕程序，无须原告催促。这种对比说明赵宣案被视为私人的利益纠纷，不危害社会秩序，所以不运用刑事手段来处理。

参照此案，我们再回头看寇恩案。假如寇恩被认定有债务责任，那么他也只会被要求偿还债务，而不会受到刑事处罚，所以他的债务问题也不是刑事性质。现在我们可以完整地回答何四维先生：寇恩案由刑事部分和民事部分组成。寇恩欠债与否在当时不是刑事问题，但是粟滥用职权是个刑事问题。碰巧，此问题在调查债务责任时被发现而已。

三、赔偿死驹

几乎与寇恩案同时，居延还发生了一件死驹赔偿案（以下简称死驹案），[1] 该案似乎综合了赵宣案和寇恩案的所有特点。案卷册

[1] 参见《新简》，第489~491页。

书由 16 枚简组成。首简（《新简》E. P. F. 22. 186）用双行小字在上半部书写“甲渠言，永以县官事行警檄，牢驹遂内。驹死，永不当负驹”，下半部则全部留白。这应该是对调查结果和判决意见的摘要，最后才被附加到整卷册书之首。[1] 余下 15 简是案卷正文，可分为四个部分。

第一部分标明了时间和负责验问的官员，“建武三年十二月癸丑朔丁巳，甲渠鄣候获叩头死罪敢言之”。(《新简》E. P. F. 22. 187)

第二部分转述了“府记”[2] 的内容：守塞尉放向府起诉止害燧长焦永，认为焦永应该为一匹马驹的死亡负责，而该马驹是放从别人那里借来的。放提供了两位人证——宪和恭。都尉府将案件下转给甲渠候官来调查。(《新简》E. P. F. 22. 188~191)

第三部分是甲渠候官对这个案件的调查。候官验问了放和两位证人，三人证词一致。都说焦永行檄到了居延收降亭，塞尉放借了焦永的驿马，而将自己（从别人处借的）的一匹马和马驹交给焦永，然后两人一同来到止害燧。放后来骑马去了吞北燧，将马（焦永的驿马）放下，换了一匹吞北燧的驿马去了别处。焦永需要去行檄，找不到自己的驿马，只好骑了放的马（带上马驹）去行檄，后来马驹死了。(《新简》E. P. F. 22. 192~199)

第四部分是结论。“案：永以县官事行警檄，恐负时，骑放马行檄，驹素罢劳，病死；放又不以死驹负永，永不当负驹。放以县官马擅自假借，坐藏（赃）为盗。请行法；获教敕要领放毋状，当并坐。叩头死罪死罪，敢言之。”(《新简》E. P. F. 22. 199~201)

[1] 籾山明认为是标题，笔者不认同。标题的格式与此不同。例如，寇恩案，简册自题“建武三年十二月候粟君所债寇恩事”，只标明时间、诉讼双方，以及事由，不涉及调查结果和判决意见。

[2] “府”应该指居延都尉府。

这个结论值得深究。徐世虹先生指出它“一是对放要求赔偿马的民事判决，即焦永不当偿马；另一是对放的处罚，定性为坐藏为盗”[1]。可见该案包含民事和刑事两种关系。但为何首简摘要只说“驹死，永不当负驹”，而不提对放的处罚？首简有大量的留白，显然不是受篇幅所限。可见对放的处罚不是结论的重点，以至于在摘要中被略去。若这个理解无误，则可推断：“永以县官事行警檄……永不当负驹”是候官作出的判决，而“放以县官马擅自假借，坐赃为盗……”只是一种附带的建议。[2] 所以这个案件主体上是赔偿类的民事诉讼。

这个案子和寇恩案有三点一致：首先，同样是以经济纠纷为主线的民刑混合案件，在调查民事责任时，无意中发现了刑事问题；其次，同样表现出国家权威将经济纠纷与刑事问题区别对待，对经济纠纷只判定经济责任而不涉及刑罚，但对刑事问题则要另行处理；最后，同样是地位高的起诉方败诉，这说明诉讼双方被视为平等个体，地位高者并不享有特权。此外，这个案子与赵宣案也有相似之处：都是关于死马的赔偿问题，这表明这类纠纷较常见，并且常通过法律途径来解决。总之，这个案例印证了我们从寇恩案和赵宣案总结出的规律。

---

[1] 徐世虹：《汉代民事诉讼程序考述》。

[2] 简册有个奇怪现象。册书中只有原告和他提供的两位证人的口供，而无被告的口供，似乎没有验问被告就作出了结论。籾山明猜测，或许对被告方的验问已经结束了，册书只是相关文书的另一半。参见［日］籾山明：《中国古代诉讼制度研究》，第 123 页。但笔者认为，更有可能是由于起诉方提供的证词足以证明被告不负责任，省去了对被告的验问。很显然，原告如实地陈述了事实，但他没有意识到马驹之死责任不在对方，更没有意识到自己随便借用官马是违法行为。结果他告人不成，反被问责。这和寇恩案的发展过程十分相似。

四、扩大调查

在以上三个案例的基础上，我们可以进一步论断：经济纠纷在汉代居延一般都被当作民事问题。居延出土的汉简中保留了数十起经济纠纷记录，包括形形色色的债务、交易问题，与动物有关的赔偿以及田宅纠纷（见本书附录一）。虽然记录大多严重残缺，很难了解细节，但在处理结果可考的案件中没有发现有任何刑罚的痕迹。这些纠纷凸显出诉讼双方，无论社会地位如何，都被视为平等个体。例如，在前文所分析的三个案例中，地位高的一方全部败诉，无论是以起诉还是应诉的身份出现。

在居延经济纠纷案件中，起诉方的社会身份很广泛，包括已婚妇女（夫人）、女子、编户民、戍城吏、卒、燧长、候史、候长等。甚至刑徒也可以因为债务问题起诉军官。例如：

> 徒王禁责诚北侯长东门辅钱。不服。移自证爰书，会月十日。一事一封。四月癸亥尉史同奏封。[1]

刑徒王禁因为债务问题起诉侯长东门辅，而后者不得不应诉。这似乎与张家山出土的汉代《二年律令·告律》有矛盾。简 134 规定：

> 年未盈十岁及系者、城旦舂、鬼薪白粲告人，皆勿听。[2]

按这条法规，刑徒不能控告别人，但王禁是刑徒，却可以起诉

[1] 中国科学院考古研究所：《居延汉简甲编·释文》（简 1366），科学出版社 1959 年版，第 57 页；Michael Loewe，*Records of Han Administration*（Cambridge：Cambridge University Press，1967），Vol. 2，p. 10. 需要指出，《合校》259.1 误将“徒”释为“徙”。这个错误据《居延汉简甲编》图版 100，简 1366 可改。

[2] 《张家山·二年律令》，第 27 页。

一位军官，为何？合理的解释是：汉代将追债诉讼与刑事诉讼作了区分。在债务问题上，欠债还钱而已，不考虑个人身份、地位。

类似地，虽然在刑事诉讼中，身份较高者（体现在爵位上）拥有两项特权：有些情况下可以用爵位抵罪（爵位将被收回），有些情况下还可以自动减刑（爵位不受任何影响）。例如，《二年律令·具律》规定：

上造、上造妻以上、及内公孙、外公孙、内耳玄孙有罪，其当刑及当为城旦舂者，耐以为鬼薪白粲。（简 82）[1]

律文赋予拥有上造以上爵位者减免刑罚的特权。但在债务纠纷问题上，爵位高也不能自动减免债务。

与身份相关的还有一个问题：为何有权势的索债方要走司法程序来讨债？例如，在寇恩案中能驱使部下卖力的军官粟显然是强势一方，他为何不派人抓了寇恩逼债？张建国认为这说明“当时法律和司法制度还是比较完备的”[2]。但更确切地说，这和秦汉法律对欠债人的保护有关。《二年律令》简 187：“诸有责（债）而敢强质者，罚金四两。”[3] 这条律文禁止“强质”，也就是“强以人或物为质”[4] 来索债。事实上，秦代就有类似规定。睡虎地秦简《法律答问》曰：

百姓有责（债），勿敢擅强质，擅强质及和受质者，皆赀二甲。廷行事强质人者论，鼠（予）者不论；和受质者，鼠

[1] 《张家山·二年律令》，第 20 页。
[2] 张建国：《居延新汉简〈粟君债寇恩〉民事诉讼个案研究》。
[3] 《张家山·二年律令》，第 33 页。该律文也见于张家山 336 墓出土《汉律十六章》，参见荆州博物馆编：《张家山汉墓竹简（336 号墓）》简 303，第 206 页。
[4] 张家山二四七号汉墓竹简整理小组注。

（予）者□论。（简 148）[1]

可见在秦汉时代，对强行索债的禁止根深蒂固，如果遇到债务纠纷双方不能谈妥，索债方只能通过法律途径来解决。如果责任人无钱还债当如何处理？是否受到刑罚？不会受到刑罚，责任方可用劳动抵销债务。东汉初年梁鸿的故事充分表明了这一点。梁鸿年少时曾放养猪，误失火烧毁了别人的宅舍。梁鸿主动找到受损失方，搞清楚了损失的财产价值，然后用自己所有的猪来偿还。但对方认为不够，于是梁鸿说：

“无他财，愿以身居作。”主人许。因为执勤不解朝夕。邻家者老察鸿非恒人，乃共责让主人，而称鸿长者。于是，始敬羼，悉还其豕，鸿不受而去。[2]

梁鸿通过为对方劳动来还债，充分显示了经济纠纷的“民事”特色。分析到这里，我们已经了解了汉代民事诉讼的一些特点，也知道当时民刑有一定区别。但我们还必须追问：审理民事案件是依据什么来作判决？是根据长官意志、习俗还是成文法？换言之，汉代民事诉讼是发展程度较低的“卡迪司法”还是程度较高的依法规来审理？敦煌出土的一枚残简透露出汉代民事诉讼接近后一种情况。内容如下：

言律曰：“畜产相贼杀，叁分偿和。”令少仲出钱三千及死马骨肉付循请平。[3]

---

[1] 《睡虎地·法律答问》释文，第 215 页。

[2] 《后汉书·逸民列传》，中华书局 1965 年版，第 2765~2766 页。梁鸿生卒年月不详，但传说其父“王莽时为城门校尉”，可知梁是东汉初年之人。

[3] 甘肃省文物考古研究所编：《敦煌汉简》，中华书局 1991 年版，第 298 页。

这简明扼要地记录了一件死马赔偿案的审理。在审理过程中，有一条具体的律文被引用——“畜产相贼杀，参分偿和”。

简首的“言律曰”有些费解。“言律”是否为被引用的律文名称？这种可能性不大，因为无论在传世还是出土资料中都不曾见过这样的名称。王国维更怀疑这条律文应该属于贼律。[1] 所以笔者认为，“言”是动词，作谓语，而主语缺失。案件审理过程可重构如下：

(1) 诉讼双方是“少仲”和“循”：循起诉少仲。

(2) 起因是，少仲的牲畜（某种猛兽？）残杀了循的马匹。

(3) 审理官员姓名缺失。

(4) 作判决时，审理官员引用了一条律文，规定这种情况下赔偿原价的1/3。

(5) 依律判决如下：少仲给循赔付3000钱，另外加上死马骨骼。[2]

这个案件所引用的律文并非孤例，可与张家山《二年律令》以下律文互证：

犬杀伤人畜产，犬主尝（偿）之。(简50)[3]

马、牛、羊、𩣡彘、彘食人稼穑，罚主金马、牛各一两，四𩣡彘若十羊、彘当一牛，而令挢（?）稼偿主。(简253)[4]

敦煌律文和《二年律令》明显有亲缘关系。它们说明从居延案例中观察到的现象和规律是与汉代律令有关的。事实上，我们引用的这几条律文只是当时法规的冰山一角而已。《二年律令》包含丰富

[1] 参见罗振玉、王国维编著：《流沙坠简》，中华书局1993年影印本，第124页。

[2] 死马被估价为9000钱外加尸骨。这和张宗起诉赵宣案件中死马估价7000钱可互相印证。

[3] 《张家山·二年律令》，第15页。

[4] 《张家山·二年律令》，第43页。

的“民事”法规。除了债务、赔偿等外，还有大量关于继承、土地买卖等事宜的法律规范。[1] 所以汉代“民事”诉讼在整体上有法条可依据。

结 论

本章分析说明早期“民事”诉讼的萌芽或许可以追溯到西周。金文记录了大贵族间的一些田地纠纷，其解决方式似乎有别于刑事诉讼。在战国时代的包山楚简中，平民间的“民事”诉讼首次进入了我们的视野。但直到秦代，有关记录都相当稀少和简略，以至于我们无法清楚了解其特征。这种局面被居延汉简所打破，居延汉简保留有大量的“民事”诉讼记录。从这些案例中，我们可以总结出汉代“民事”诉讼的五个特点：

(1) 个人就债务、赔偿等财产问题提起诉讼。

(2) 国家搞清楚是非曲直作出判决，为原告估算合理的赔偿或财产分割。

(3) 如果遇到逃避、拖延现象，则由获胜原告去要求是否坚持执行判决，国家不主动去追索逃避者。

(4) 不运用笞刑、劳役、监禁、肉刑、死刑等刑罚，也不连带有行政惩罚。

(5) 在估量赔偿、债务时，诉讼双方的社会地位不是一个考虑因素（理论上）。双方在法律上被视为平等个体，社会地位

---

[1] 徐世虹曾对这个问题有过分析，参见氏作：《对汉代民法渊源的新认识》。

高的一方没有法律赋予的特权。

以上这些与刑事案件的以下特点形成鲜明对比。

(1) 个人可以控诉一些有害行为，这些行为不但危害个人，更危害公共秩序。

(2) 根据何四维的研究，国家在审理刑事案件时，首要目标是惩罚犯罪，以维护公共秩序，而更大的考虑则和宇宙论有关：维护天地秩序、阴阳平衡等。[1]

(3) 一个刑事案件有判刑或无罪释放两种结案方式。被告如果被认定有罪，则会受到刑罚。原告没有必要也无权利要求国家如何执行判决。如果罪犯逃亡，国家自会启动追捕程序，无须原告催促。

(4) 刑罚繁多而且系统化，[2] 对公职人员连带有行政惩罚。

(5) 社会地位（爵）是量刑时一个考虑因素。法律赋予有爵位者一定的特权：①拥有上造以上爵位者可以减轻应得的刑罚；②某些罪行可以用免除爵位来抵销。[3]

这种对比表明，汉代居延地区的民事诉讼已经比较发达并且与刑事诉讼有很明显的区别。[4]

---

[1] See Hulsewé, *Remnants of Han Law*, p. 102～109.

[2] 何四维系统地归纳和分析了汉代刑罚。See Hulsewe, *Remnants of Han Law*, p. 102～155.

[3] 第1点参见《二年律令》简82；第2点参见何四维对“赎罪”问题的研究。See *Remnants of Han Law*, p. 214～224.

[4] 徐世虹先生曾讨论过汉代“诉讼中的狱讼异同”。徐先生认为：整体而言，民刑并无根本区别，但还是有可见的差异。例如，所谓“狱”多指刑事而“讼”多不属于罪；刑事诉讼的提出叫作“告”而“民事”为“自言”；刑事需先拘捕再审理而“民事”则自行前往接受验问；刑事判决依据律令而“民事”则重“券书”；刑事有刑罚而“民事”则无；刑事有“司法则时”而“民事”则无。参见徐世虹：《汉代社会中的非刑法法律机制》，载柳立言主编：《传统中国法律的理念与实践》，台北，“中央研究院”历史语言研究所2008年版。本书的切入角度、问题点、分析路径，乃至材料使用与徐先生不同，得出的结论也就不同。

事实上，居延地区“民事”案件很常见。以 20 世纪 30 年代和 70 年代两次考古发掘所获近 3 万枚新旧居延汉简为例，笔者从这些汉简中总共发现了 128 宗案件记录。其中 37 宗为刑事案件，74 宗为“民事”案件，其余无法判定性质。在全部可定性的案件中，诉讼因由分布如下：

> 刑事（37 起）：人身伤害（9 起）、不端行为（8 起）、谋杀（6 起）、械斗（3 起）、不确定（3 起）、越境（2 起）、纵火（1 起）、偷盗（1 起）、丢失符（1 起）、非法获利（1 起）、盗贼（1 起）、暴乱（1 起）。
>
> “民事”（74 起）：债务（63 起）、交易（5 起）、赔偿（3 起）、田宅纠纷（1 起）、遗嘱（1 起）、薪资（1 起）。

刑事诉讼前三位的因由是人身伤害、不端行为和谋杀，而“民事”诉讼前三位的因由是债务、交易和赔偿。然而，债务一项占比极大，不但占了全部“民事”案件的 85%，更占了所有可定性诉讼案件的 56.8%。即便纳入无法认定的案件，债务仍然占了 49.2%。这种情况表明“民事”案件远比刑事案件频发，而债务纠纷是最主要的诱因（详见附录一）。

细心的读者一定会问：这些记录的可信程度如何？笔者认为相当可信，由于文书的生成年代前后断续将近三个世纪，没有被汉代官员系统性地筛选、汇编以服务于特定宣传需要，所以较少有选择性偏见，而出土的随机性更保证了这些记录较为客观地反映了当时的现实。但我们也需要承认一个不足之处：由于现存记录大多残缺不全，在绝大多数情况下，笔者只能凭借一些关键词来推测其所记录的案件性质和因由。例如，“自言”意味着一个诉讼，“爰书”意味着证词，“责”意味着讨债，等等。由于这种技术性问题，笔者的统计不可能很精准，只能大体上反映当时的情况。

我们进一步追问：居延汉简所反映的诉讼特点有多大的典型性？能否代表整个汉王朝的情况？学界对此是有些争议的。例如，孔庆明曾经认为居延的资料是特例。他认为中原地区从未看到民事诉讼程序，只有西北边疆地区才有独立的民事诉讼程序。[1] 但张建国先生反驳到：

> 我们不能因为当地出土了有关材料而其他地区没有出土同样的材料，就断言边疆和中原实行不同的诉讼程序……汉代作为一个统一的大帝国，如果说其法律制度只是在偏远的西北边疆实行而在其它地区没有实行，这是无法想象的。何况如果没有居延汉简的出土，谁又知道汉代的西北地区的民事诉讼是什么样式呢？[2]

事实上，我们放开视线就会发现已知汉代民事诉讼并不局限于居延一隅。[3] 例如，应劭《风俗通义》记载了两则遗嘱纠纷，分别发生于约公元前 60 年的陈留和公元前 8 年的沛；同书还记载了一件丝绸所有权的纠纷，发生于约公元前 33 年的临淮。[4] 湖南长沙出土一件光和六年（公元 183 年）的文书，记录了因遗产被侵占而发生的田地诉讼。[5] 这几个个案分布于 4 个郡，跨越两个多世纪，其

---

[1] 参见孔庆明：《秦汉法律史》，第 319、383 页。

[2] 张建国：《居延新汉简〈粟君债寇恩〉民事诉讼个案研究》。

[3] 正史记载有很多争田、争财案例，应该属于民事诉讼的范畴。可惜由于叙述过于简略，无法考察审理细节，故此没有在文中列出。

[4] 参见应劭撰，王利器校注：《风俗通义校注》，中华书局 1981 年版，第 587~589 页。尽管《风俗通义》案例有一些演绎成分，但其故事的展开与一些关键细节基本上符合汉代法律规范，因此可以用来探讨汉代司法实践。对《风俗通义》案例的详细分析，参见本书第 4 章。

[5] 参见王素：《长沙东牌楼东汉简牍选释》，载《文物》2005 年第 12 期；长沙市文物考古研究所：《长沙东牌楼东汉简牍》，文物出版社 2006 年版，第 73~74 页；叶玉英：《东汉简牍〈和从书〉所见东汉若干制度探索》，载《厦门大学学报（哲学社会科学版）》2009 年第 6 期。

审理特点与居延民事诉讼基本一致。岂不反映了汉代“民事”诉讼并非西北地区特有？而最能说明问题的是，我们分析的居延赔偿案例契合《二年律令》的有关法规，债务案例则体现了秦汉律对强行索债的禁止。可见汉朝“民事”诉讼原则上全国统一，统一于国家颁布的律令。所以我们有理由相信，从居延“民事”案例中总结出的特点，在相当程度上反映了整个汉王朝的情况。

如何理解这些涉及债务、赔偿、薪资、继承、田宅等纠纷以及相关法律条文的性质？它们看上去类似现代民事案件和法规，是官方解决个人纠纷的常规途径，但我们是否可以称其为民法？我们是否应将源于罗马法的当代概念投射到汉代中国？本书以为可以自信地称为民法，因为两个原因：（1）东汉郑玄（公元 127~200 年）多次区分“讼”（财产纠纷）和“狱”（犯罪），这可以类比当代的民、刑区分；（2）研究表明，汉代“讼”和“狱”有受理机构和审理程序上的区分。

第二章

"狱"与"讼"的概念区分

古汉语中没有与"民事案件""民事诉讼"确切一致的词汇，但这并不代表中国古代就一定没有类似的概念。郑玄（公元127~200年）在《周礼》注中多次提到与"狱"有别的"讼"。例如，在对"凡万民之不服教而有狱讼者"作注时，郑说："争罪曰狱，争财曰讼。"在注解"以两造禁民讼""以两剂禁民狱"时说："讼谓以财货相告者""狱谓相告以罪名者"。此外，在解释"若有马讼则听之"时，郑玄强调了讼和交易违约有关："讼谓卖买之言相负"。[1] 所以根据郑玄的注解，财产和契约纠纷与犯罪性质不同，并且表述它们的法律术语也不同：前者称为"讼"，后者称为"狱"。这颇类似当代的民事与刑事之区分。

第一节　学界争议

对于郑玄的说法，自古以来就有赞同也有质疑。比郑玄稍晚些

[1] 以上引文，参见《周礼注疏·地官·大司徒》，第27页；《秋官·大司寇》，第15页；《夏官·马质》，第5页。本书所引用十三经，若不特别说明，一律采用中华书局2009年十三经注疏影印本。

的高诱（活跃于公元 205～212 年）在注解《吕氏春秋·孟秋纪》“决狱讼，必正平”时，重复了郑玄的看法，说道：“争罪曰狱，争财曰讼。”[1] 三国韦昭在注解《国语》时似乎也赞同郑玄的看法。[2] 北齐杜台卿《玉烛宝典》卷二引《月令章句》也有“狱，争罪也；讼，争辞也”的解释。[3] 但清代训诂家则对郑玄非议颇多。黄生（1622 年生）指责郑玄说：“争财为讼，争罪为狱，经无明文，郑特臆为之说。”[4] 孙诒让（1848～1908 年）也不同意郑玄的解释。在《周礼正义》中，孙诒让引用宋代黄度的看法，将讼和狱解释为小、大之区别，而非性质不同：“小曰讼，大曰狱”[5]。

当代学者同样对这个问题争议颇多。不少法史学家倾向于支持郑玄的看法。张建国先生曾说：“什么叫作听讼呢？如果不是泛指，‘讼’的确切含义在汉代是和‘狱’相对而言的。”并类比说：“‘讼’基本是指类似现代的民事诉讼，‘狱’相当于刑事诉讼。”[6] 徐世虹则声称：“郑玄对《周礼》的注释，反映了汉代人对自西周以来以狱讼区分刑诉、民诉这一称谓的继承。”徐先生详细地分析了“讼”在《史记》《汉书》等汉代文献中的使用，并发现“争讼”通常和土地、债务、货物等民事纠纷有关，虽然有时讼也仅仅指申诉、辩护。[7] 和徐先生一样，杨一凡、冯卓慧也都认为“争罪曰狱，争

---

[1]（汉）高诱注：《吕氏春秋·孟秋纪》，上海书店出版社 1982 年影印本，第 66 页。

[2] 参见（汉）徐元浩：《国语集解·齐语》，中华书局 2002 年版，第 230 页。详见本书第五章对“狱讼之坐已成也”之解读。

[3] 此点籾山明已经指出，参见氏作：《中国古代诉讼制度研究》，第 111 页注 1。

[4]（清）黄生撰：《字诂义府合按》，中华书局 1984 年版，第 161～162 页。黄生生活于 17 世纪。《字诂》与《义府》本来各自单独行书，道光年间合为一书。

[5]（清）孙贻让撰：《周礼正义》（第 4 册·卷 66），商务印书馆 1934 年版，第 28 页。黄度本传见于《宋史》。

[6] 张建国：《居延新汉简“粟君债寇恩”民事诉讼个案研究》。

[7] 参见徐世虹：《汉代民事诉讼程序考述》。

财曰讼”的诉讼原则在西周就存在，可谓源远流长。[1]

但质疑之声也不绝于耳。葛英会于 1996 年利用出土资料来质疑郑玄。通过分析包山楚简《疋狱》文书中狱和讼的用法，葛认为狱与讼的区别无关纠纷的性质和大小。他观察到，《疋狱》文书将谋杀、伤人等刑事案件和土地纠纷等民事纠纷一律称作讼，而记录这些讼事的文书的篇题又是《疋狱》。葛还发现一个现象：讼和争讼双方当事人有关，而狱则和听讼治事者相关联。因此，援引《尚书·甫刑》王氏笺“狱亦讼也。下曰讼，听讼曰狱”，葛氏提出了“狱讼乃一事之两面：争财争罪叫作讼，听讼讯鞫叫作狱”的看法。[2] 葛的认识被王捷进一步发展。王捷在系统分析先秦出土文献中狱和讼的用例后，提出先秦时代“狱”“讼”无别，并怀疑郑玄将汉代概念运用到了对古书的注解中。[3] 籾山明则将关注的时代下移到了秦汉，提出较为折中的看法。他认为：在秦汉时代的文献中，争财（讼）与争罪（狱）之区别是存在的，但这种区别并不一定是民事与刑事的区别。[4] 他的看法主要来自对《候粟君所责寇恩事》和《驹疲劳死册书》两个案例的分析。他认为两个案件虽然是“争财”之讼，但都同时转向了刑事问题，可见听讼与断狱并非截然一分为二，而是可以伴随诉讼进行的连续的程序。他还认为《候粟君所责寇恩事》表明，争财如果主张不合理也可以被视为有罪。[5]

---

[1] 参见杨一凡：《中华法系研究中的一个重大误区：“诸法合体、民刑不分”说质疑》，载《中国社会科学》2002 年第 6 期；冯卓慧：《从传世的和新出土的陕西金文及先秦文献看西周的民事诉讼制度》。

[2] 参见葛英会：《包山楚简治狱文书研究》，载《南方文物》1996 年第 2 期。

[3] 参见王捷：《旧题新证：先秦“狱”“讼”的法律语用演变——以出土法律文献为视角》，载《北方法学》2013 年第 4 期。

[4] 参见［日］籾山明：《中国古代诉讼制度研究》，第 110~111、140、144 页。

[5] 参见［日］籾山明：《中国古代诉讼制度研究》，第 139~140 页。

以上诸认识都有可商榷之处。籾山明的分析存在三个问题。首先，他使用的两个案例很特殊，正好同时存在经济纠纷和犯罪问题，但汉代还存在大量单纯的争财或争罪案件，其审理上的区别是很明显的（见前文分析）。其次，对《候粟君所责寇恩事》的解读有问题。[1] 最后，忽略了在听讼与断狱连续一体的特殊情况下，争财部分和争罪部分的审理仍有明显区别：对前一部分只负责搞清楚经济责任，不处以刑罚，而对后一部分则要判明罪状，依法惩治。与籾山明持相反意见的几位学者的研究也有不足之处：文献学的研究已经证明《周礼》成书于战国甚至西汉时期，并且多后世儒家理想化色彩，难以用来证明西周时的制度。所以，不能用其中的记载来说明西周时代存在事实上或概念上的狱讼之别。

仔细分析上述关于讼和狱的各种意见，可以看出一个规律：先秦经典中并没有明文支持郑玄对狱和讼的区分，相反葛英会、王捷还从包山楚简中找到大量反证表明狱、讼无实质区别，只是表述的角度不同。但在汉代文献中，张建国、徐世虹、籾山明都观察到讼和争财的密切联系。事实上，我们还可以进一步细化对“讼”的认识。以《史记》《汉书》这两部成书于汉代的正史为样本，结合出土秦汉官文书中的用例，观察“讼”在秦汉时代的使用规律，[2] 我们将发现：“讼”在汉初还不是一个法律术语，和争财的联系也并不密切，但到了东汉，“讼”就和争财联系密切了，用法也比较固定了，后来由郑玄总结为“争财曰讼，争罪曰狱”。

[1] 见前文对“政不直”的分析。

[2] 以正史为样本是因为它们的语言较为规范并且抄录了很多诏书、奏折等官文书，较能反映当时规范的用语习惯。《后汉书》虽记载汉代之事，但成书于公元5世纪，故此没有被本书作为秦汉时代用词规律的样本。

第二节 史汉和出土汉代官文书用例中的“狱”“讼”

汉代文献中，“狱”“讼”有并举和单独使用两种情况。我们首先来分析“狱”“讼”并举的情况。《史记》有2例而《汉书》中则有12例。总体上，这些并举的“狱讼”泛指诉讼，没法断定它们是否具有争财、争罪之别。例如，《史记·乐书》：“夫豢豕为酒，非以为祸也；而狱讼益烦，则酒之流生祸。”[1] 这是对饮酒的描述，因为饮酒而狱讼增多。虽然没法知道狱与讼有何区别，但酒后乱闹引发纠纷，总体上似乎和争财关系不会太大。《汉书·循吏传》：“莫不耕稼力田，百姓归之，户口增倍，盗贼狱讼衰止。”[2] 这也是泛泛而谈，推测不出来“狱”“讼”有何区别。下面分析一下两者单独使用的情况。

一、“狱”的用法

“狱”在史、汉中的用法非常一致，都集中在“监牢”和“罪案”两个意思上，而这两者可被视为同一事物的两面。例如：

《史记》：宣布诏令治民，道不拾遗，男女异路，狱中无重囚……

《史记》：斯出狱，与其中子俱执，顾谓其中子曰……

《汉书》：今系者或以掠辜若饥寒庾死狱中……

《汉书》：定陵侯既出关，伏罪复发，下洛阳狱……

[1] 《史记·乐书》，中华书局1959年版，第1199页。
[2] 《汉书·循吏传》，中华书局1959年版，第3642页。

这四例都是指监牢。

《史记》：于是二世乃使高案丞相狱，治罪，责斯与子由谋反状……

《史记》：步舒至长史，持节使决淮南狱，于诸侯擅专断，不报。

《汉书》：治陈皇后巫蛊狱，深竟党与，上以为能，迁太中大夫。

《汉书》：狱者万民之命，所以禁暴止邪，养育群生也。

这四例都是指罪案。偶尔也有性质不明的情况，如《汉书》“乡饮之礼废，则长幼之序乱，而争斗之狱蕃”，这里的“争斗之狱”不知是争财还是争罪。

“狱”在史汉中的用法被出土的秦汉法律文献所印证。例如：

睡虎地《封诊式》：治狱，能以书从迹其言……（简1）

睡虎地《法律答问》：上造甲盗一羊，狱未断，诬人曰盗一猪……（简50）

张家山《二年律令》：治狱者，各以其告劾治之。敢放讯杜雅，求其它罪，及人毋告劾而擅覆治之，皆以鞫狱故不直论。（简113）

张家山《二年律令》：罪人狱已决，自以罪不当欲气（乞）鞫者，许之。（简114）

这四例“狱”都是指罪案，[1] 而罪案和监牢的关系是不言而喻的。

---

[1] 分别出自睡虎地《封诊式》释文，第147页；睡虎地《法律答问》释文，第105页；《张家山·二年律令》，第24页。

二、“讼”的用法

与“狱”的用法一致不同，“讼”的用法多样，可分为5种。下面各举一例。（详见附录二）

1. 争财（《史记》4例，《汉书》15例）。

《史记》：鲁相初到，民自言相，讼王取其财物百余人。

《汉书》：行县至高陵，民有昆弟相与讼田自言……

2. 泛指诉讼（《史记》3例，《汉书》4例）。

《史记》：俭化俗民，则尊卑之序得，而骨肉之恩亲，争讼之原息。

《汉书》：丞相司直郭钦奏“宣举错烦苛，代二千石署吏听讼，所察过诏条”。

3. 申诉、申辩（《史记》3例，《汉书》27例）。

《史记》：赵国以冶铸为业，王数讼铁官事，汤常排赵王。

《汉书》：上春秋高，疑左右皆为蛊祝诅，有与亡，莫敢讼其冤者。

4. 辩论（《史记》1例，《汉书》1例）。

《史记》：历家曰小凶，天人家曰小吉，太一家曰大吉。辩讼不决，以状闻。

《汉书》：不崇礼义，而居公门下相非恨，疾言辩讼，婟谩亡状。

5. 公告（《史记》1例，《汉书》0例）。

《史记》：岁时存问茂材，赏赐闾里。佗郡国吏欲来捕亡人者，讼共禁弗予。

《史记》《汉书》中“讼”的用法如图 2-1 所示。

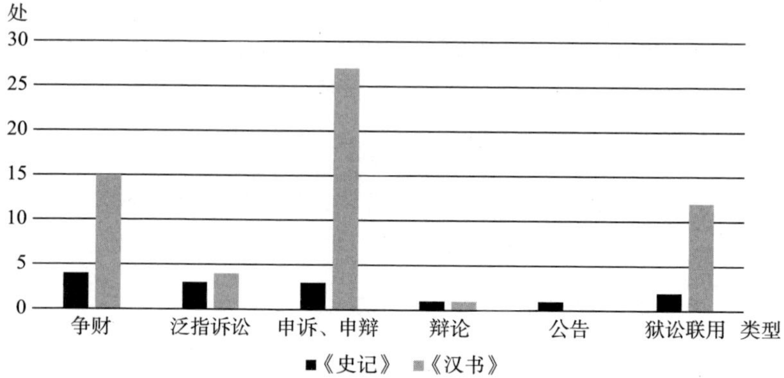

资料来源：参见附录二

图 2-1 《史记》《汉书》讼之用例

根据图 2-1，“讼”在《史记》《汉书》中的用法明显不同。在《史记》中，“讼”的各种用法分布较均衡。相对而言，更多地泛指诉讼；而在《汉书》中，“讼”主要指申诉、申辩，特指争财的也很多，同时狱讼联用现象增多，但是泛指诉讼及其他用法则非常少见。这种对比显示，从《史记》到《汉书》时代，“讼”的内涵发生了很大变化，开始集中于申诉、申辩和争财这两种意思上，其他意思都淡化甚至于消失了。这暗示了“讼”由一般性的词汇演变为较明确的法律术语。它首先指提起诉讼或申辩，在与争罪区别时又特指争财。

以上从传世文献中观察到的现象可以由出土文献印证。“讼”在汉初《二年律令》中仅出现一次，《奏谳书》中则全然皆无。[1]

[1] 一个现象值得关注：周家台秦简中常见“占狱讼”的用法，但“讼”在睡虎地秦代法律文书中完全没有出现。王捷先生认为，“讼”在金文中本是法律术语，表示起诉或案件，但是秦代以“告”替代了“讼”。这可备一说。参见王捷：《旧题新证：先秦“狱”“讼”的法律语用演变——以出土法律文献为视角》，载《北方法学》2013 年第 4 期。

《二年律令·告律》记载，“奴婢自讼不审，斩奴左止（趾），黥婢顔（颜）頯，畀其主”（简135）。这是“讼”唯一的出场，但显然无涉争财，应该泛指诉讼。而争财在《二年律令》中被表述为“争”。《户律》在规范以先令分遗产时说：“有争者，以券书从事；毋券书，勿听。”（简335）这个“争”在上下文中是争财之意。但“争”也并非专指争财。《贼律》：“褱（怀）子而敢与人争斗，人虽殴变之，罚为人变者金四两。”[1]（简31）此处的“争”和财不一定有关，泛指争吵之意。

《二年律令》是汉初法律文本，有很大比例的民法内容，用以规范财产关系，但作为争财意义上的“讼”却完全缺失，这意味着什么？它说明“争财曰讼”的提法在汉初并不成立；“讼”在当时甚至可能还不是一个法律术语。但在时代晚些时候的居延汉简中，“讼”开始与争财直接关联了。“□讼田宅女子恐客也及功收财物事道逢”（《新简》E. P. T. 40. 47）；“言之官移居延讼遝尉卿□主吞远谷二千三百五十石”（《新简》E. P. T. 54. 8）。[2] 两简的纪年缺失，但居延汉简整体上处于西汉中期到东汉之间，两个用例大体就是在这个时间段内。有明确纪年可考的类似用法，首次出现在延熹五年（公元162年）《真道冢地碑》中：“子孙但得宿山居留、不得争舍地争讼。”[3] 这是出土文献中作为争财使用的“讼”可考的最早用例，而这一年郑玄36岁。

综合以上对“狱”“讼”用例的分析，我们可看到：“狱”作为争罪的意义，在秦汉时代相当普遍和明确，但与之相对而言的“讼”

[1] 三处引文，分别见《张家山·二年律令》，第13、27、54页。

[2] 以上两处引文，分别见《新简》，第88、301页。

[3] [日] 池田温：《中国历代墓券略考》，《东洋文化研究所纪要》1982年第86集。虽然墓券本身不属于官文书，但其用语效仿官文书，因此可以用来说明官文书语汇习惯。

则有不同的规律——西汉时，“讼”与争财的联系尚不明显，但到了东汉就比较明确了。所以本书认为：类似于当代民事诉讼观念的“讼”，在西汉逐渐产生，东汉开始定型，由郑玄总结为“争财曰讼”。

第三节　审理机构上的“狱”“讼”之别

一、县廷断狱

虽然狱讼之别很可能是在东汉才形成的“新”概念，但它的出现绝不是一蹴而就，而是对早期司法实践中长期存在的争罪与争财之别的反映。本书第一章归纳了民事诉讼与刑事诉讼的种种区别，这些区别在两汉一直存在。本节将从受理机构的角度来总结另一种类型的区别：最晚在西汉初年，刑事案件的初审机关就是县廷，而民事案件主要由乡审理。

《二年律令》规定：

> 诸欲告罪人，及有罪先自告而远其县廷者，皆得告所在乡，乡官谨听书其告，上县道官廷，士吏亦得听告。（简101）[1]

这个规定表明，在一般情况下，刑事诉讼（告罪人）应该向县廷提出。若原告距县廷太远，可就近去乡官处告状，但乡官无权审理，只负责记录下状辞后上达给县廷。显然，即使在“天高皇帝远”的特殊情况下，审理权仍在县廷。[2] 与此形成鲜明对比的是，在听讼（民事案件）时，乡啬夫扮演了核心角色，有权判定责任。《汉

[1] 《张家山·二年律令》，第22~23页。

[2] 徐世虹先生以为这条律文表明民事和刑事案件受理机构没有区别。参见徐世虹：《汉代社会中的非刑法法律机制》。这种看法忽略了代为受理与审理之区别，因此笔者并不认同这一看法。

书·百官公卿表》记载：“乡啬夫，职听讼，收赋税。”王充（27~约97年）也说：

> 乡决疑讼，狱定嫌罪。是非不决，曲直不立，世人必谓乡狱之吏，才不任职。[1]

这里在将乡、狱并举的同时也将疑讼与嫌罪并列，可见乡中无狱，疑讼非罪。所以乡吏只负责处理“民事”的争讼而无权处理刑事的争罪。后者由狱吏负责，而狱吏是供职于县廷的吏员。《汉书·路温舒传》曰，“［路温舒］稍习善，求为狱小吏，因学律令，转为狱史，县中疑事皆问焉”[2]，行文间流露出了狱史属于县吏的信息。据廖伯源先生考证，狱史是县廷之属吏。尹湾出土的《东海郡吏员簿》记载狱史还有牢监，都属于县吏。东海郡下辖38县皆设监狱，各县设狱史一两人，牢监一人（5个县不设牢监）。[3]对水间大辅的研究也表明，秦汉时期最基层的狱设在县廷，乡亭中最多有临时羁縻的场所而没有狱。[4] 在这样的背景下，我们明白“狱定嫌罪”实质上是说县廷定嫌罪。

这样，我们看到了审判责任的分工：乡—讼，县（狱）—罪。故而王充的话可以被解读为：乡吏可以听讼但无权断狱、定罪。这个解读被张家山《奏谳书》中的案例所证实。[5]《奏谳书》汇录的

---

［1］ 刘盼遂：《论衡集解·案书》，上海古籍出版社1957年版，第571页。“乡”原本误做“卿”，据裘锡圭1978年的研究改正。参见裘锡圭《论衡札记》，载《文史》。

［2］《汉书·路温舒传》，第2367页。

［3］ 参见廖伯源：《简牍与制度》，广西师范大学出版社2005年版，第54~65页。

［4］《汉书·刑法志》臣瓒注：“乡亭之狱曰野”。但这个“犴”其实并非真正的“狱”，并且也不被叫作“狱”。相关研究，参见水间大辅：《秦汉时期县狱史的职责》，载王沛主编：《出土文献与法律史研究》，上海人民出版社2012年版。

［5］《奏谳书》为案例汇编，是地方将疑难案件上报中央廷尉的文书，绝大多数是汉初案例。相关系统研究，参见蔡万进：《张家山汉简〈奏谳书〉研究》，广西师范大学出版社2006年版。

汉初案例都是刑事案件，都直接由县廷调查审理，只有第17案（简99~123）[1] 似乎牵扯到乡吏：一位名为“庆”的亭长。“元年十二月癸亥，亭庆以书言雍廷，曰：毛卖牛一，质，疑盗，谒论。”亭长庆见到有卖牛人形迹可疑，问话后怀疑牛是偷盗所得，将此事上报给了县廷，请县廷处理。显然，亭长没有审理盗窃案的权力。这与案件中有一个细节相印证：毛在被刑讯后，冤枉另一人与自己一同盗牛。被冤者乞鞫，冤情得到昭雪，参与制造冤案的官员受到了处罚。这些官员包括县丞昭和三位史（跳、敢、赐），[2] 但不包括亭长庆，可见亭长与该案的审理无关。

亭长没有刑事案件的审理权，亭上一级的乡啬夫是否有权呢？[3] 应该也没有，否则上引案例中的亭长就不会越级将嫌疑人直接上交给县廷。事实上，《奏谳书》案例中完全见不到乡啬夫，而这些案例全是刑事案例。这说明但凡涉及刑事案件，乡啬夫都没有审理的权力。但《汉书·百官公卿表》的记载和王充的话都说明，在处理财产纠纷中，乡啬夫扮演了核心角色。本书开头所分析的寇恩案也正是由乡啬夫审理的，这印证了文献记载。此外还需要注意一点，虽然《汉书》仅说乡啬夫职听讼，但事实上，半官方性质的一乡“精神领袖”乡三老也同样具有这个职能。

二、乡啬夫、三老听讼

“啬夫”在秦汉时代是官员的泛称。简牍中出现有各式各样的

---

[1] 参见《张家山·奏谳书》，第100~102页。

[2] 这四个人全部是县一级的官吏。丞是县令、长的副手，而史是县廷吏员。

[3] 关于乡亭有很多研究，传统上有“十里一亭，十亭一乡”的说法。苏卫国近有新说，参见苏卫国：《秦汉乡亭制度研究：以乡亭格局的重释为中心》，黑龙江人民出版社2010年版。

“啬夫”，如“官啬夫”“库啬夫”“关啬夫”等。[1] 具体到“乡啬夫”，这是由县廷派到乡中的官吏，大乡称为“有秩”，小乡称为“啬夫”。[2] 《汉书·百官公卿表》著录：“啬夫职听讼、收赋税。”[3] 劳干、大庭修都曾以为“听讼”是处理刑事案件。但本书的分析表明，刑事案件的审理权在县廷，所以这个“听讼”应该是指处理民事纠纷。根据郑玄的说法，“讼”在严格意义上也正是指争财之讼。[4]

由于乡啬夫是基层官员，在传世文献中留下的记录非常稀少，但仍然有两个例子证实了乡啬夫对“民事”纠纷的审理。例如，虞预（约公元285~340年）在《会稽典录》中记录到：“郑宏为灵文乡啬夫，民有弟用兄钱者，未还之，嫂诈诉之宏。”[5] 这是一起因借贷而引发的“民事”诉讼，[6] 当事人向乡啬夫提出诉讼。

---

[1] 参见劳干：《从汉简中的啬夫令史侯史和史吏论汉代郡县吏的职务和地位》，载《“中央研究院”历史语言研究所集刊》（1983年）第55本1分；大庭修：《秦汉法制史》，第479~519页。裘锡圭先生则认为“啬”是“穑”的初文，“啬夫”的本义就是收获庄稼的人。“啬夫”作为官名，首先应该应用于乡啬夫一类下级基层治民官吏。地位较高的治民官吏或其他官吏也称为啬夫的现象，只有在乡啬夫一类名称使用了相当长的一段时期以后，才有可能出现。参见裘锡圭：《啬夫初探》，载中华书局编辑：《云梦秦简研究》，中华书局1981年版，第229页。

[2] 参见严耕望：《中国地方行政制度史》（上编），台北，“中央研究院”历史语言研究所1990年版，第237~238页。

[3] 《汉书·百官公卿表》，第742页。

[4] 当然，用法总有例外并且并非所有人都严格遵守用法。王符（约公元85~162年）在《潜夫论·断讼》讲到：“今一岁断狱，虽以万计，然辞讼之辩，斗贼之发，乡部之治，狱官之治者，其状一也。本皆起民不诚信，而数相绐也。”参见彭铎：《潜夫论笺校正·断讼》，中华书局1985年版，第226页。“断讼”下既讲狱也讲讼，似乎混用。但王又同时区分了“乡部之治”和“狱官之治”，反映出讼与狱不同。

[5] 《会稽典录》，载鲁迅编：《会稽郡故书杂集》，新月出版社1962年版，第24页。《太平御览》亦载有类似故事，但演绎得有点走样。

[6] 这和前章分析的居延债务案例性质一样。由于居延案例大多是戍卒、军官间的债务，所以基本上都由军官来处理（以后会详细分析）。而本故事中，债务双方是乡民，故此追债方向乡啬夫提出了诉讼。

后者是否受理了此案？故事下文有“弘卖巾车为叔还钱，兄惭自系妇即去”，可见受理了案子。只是由于诉讼双方是兄弟关系，牵扯到了家庭伦理，所以处理方式比较特殊：乡啬夫自己替欠债方付钱，以求感化争讼者。《后汉书·第五伦列传》也载有：“伦后为乡啬夫，平徭赋，理怨结，得人欢心。”[1] 虽未明言“理怨结”的内容，但这句话显然呼应了“啬夫职听讼、收赋税”，应该是讲第五伦在乡啬夫任上，听讼非常公平，颇受乡民欢迎。

除了传世文献，出土文献也透露出了乡一级机构处理“民事”纠纷的职能。我们知道《候粟君所责寇恩事》就是由乡啬夫来处理的。[2] 此外，湖南长沙五一广场新近出土的东汉简牍也为我们提供了鲜活的案例：

> □□姃名数户下。谭比自言，□还驩、姃等。又谭所讼辞讼事在乡，当为治决。请以谭、汎属南乡有秩明等治决处言。□□勤职事留迟无状，惶恐叩头死罪死罪敢言之。[3]

这个案例关涉东汉长沙郡临湘县南乡居民间的纠纷。虽然我们不知道该纠纷的具体缘起，但我们注意到，这里的文书用语正是“讼辞”。文书又明确说“事在乡”，可见“讼”由乡来处理。果不其然，官方要求南乡有秩[4]妥善处理这件纠纷。

出土文献还表明“三老”也负责“听讼”。《三老赵宽碑》（公元180年立）：“永建六年（公元131年），西归乡里……优号三

[1] 《后汉书·第五伦列传》，第1396页。
[2] 张建国的文章中已经指出了乡啬夫在寇恩案中的作用。
[3] 长沙市文物考古研究所等编：《长沙五一广场东汉简牍选释》，中西书局2015年版，第162页。
[4] “乡有秩”与乡啬夫执掌相同；大乡设“有秩”，普通乡设“啬夫”。

老，师而不臣。于是乃听讼理怨，教诲后生。”[1] 此处明言，赵宽因为被尊为“三老”然后开始在乡里“听讼理怨”，可见他的听讼职能是由“三老”这一头衔带来的。

按照狄柏瑞和严耕望的说法，“三老”并非官吏。狄柏瑞认为三老是政府授予地方有突出贡献人物的荣誉头衔，而严耕望则认为三老是由百姓推举或政府任命的介于官、民之间的中间人物。这样看来，三老实质上是地方的“精神领袖”。[2] 既然三老不是官员，却为何被列入了《汉书·百官公卿表》？这表明在班固视野中，三老与乡啬夫这类乡官性质差不多，都承担着维持一乡秩序的功能。

由于《汉书》仅言“三老掌教化”[3]，所以三老所承担的司法功能往往被学者忽视。但上引《三老赵宽碑》将“听讼”排在了“教诲后生”之前，可见三老听讼的职能至少与掌教化一样重要，甚至更加重要。下面这则案例表明，三老有时是解决“民事”纠纷的一线人物。

> 吴祐迁胶东相，民有词讼，先令三老以孝悌喻解，祐身至闾里和之，吏民不忍欺。[4]

吴祐在东汉后期任胶东相，所以此事当发生于此期间。在处理“讼”时，吴祐首先派遣三老去进行道德说教，但没有提到乡啬夫，可见三老在调停纠纷中的关键作用。只有在这个调停失败

---

[1] 高文：《汉碑集释》，河南大学出版社 1997 年版，第 434 页。

[2] See Derk Bodde, *Festivals in Classical China: New Year and Other Annual Observances during the Han Dynasty* 206 *B. C. –A. D.* 220 (Princeton: Princeton University Press, 1975), pp. 373~380；严耕望：《中国地方行政制度》，第 246~251 页。

[3] 《汉书·百官公卿表》，第 743 页。

[4] 谢承：《后汉书·吴祐传》，载周天游辑注：《八家后汉书辑注》，天津古籍出版社 1987 年版，第 113 页。

后，吴祐才亲自出面干预，两千石就亲自干预显然很罕见，所以才值得记录。很可能在一般情况下，三老的调停就能解决问题。

《汉书·韩延寿传》的故事则证实了三老、乡啬夫一起代表了处理“民事”纠纷的初审机构。内容如下：

> 行县至高陵，民有昆弟相与讼田自言，延寿大伤之，曰："幸得备位，为郡表率，不能宣明教化，至令民有骨肉争讼，既伤风化，重使贤长吏、啬夫、三老、孝弟受其耻，咎在冯翊，当先退。”是日移病不听事，因入卧传舍，闭阁思过。一县莫知所为，令丞、啬夫、三老亦皆自系待罪。[1]

这则故事很耐人品味。它是因“民事”纠纷而起，但长官韩延寿认为这种争财之所以发生，是他个人没能很好地教化百姓所致，因此放下政务，闭门思过。这种行为使属下非常惊恐，于是“令、丞、啬夫、三老皆自系待罪”。[2] 这种情况说明，他们都有处理“民事”诉讼的职责，刚好代表了两级机构：乡（啬夫、三老）→县（令、丞），若加上韩延寿本人则为三级：乡→县→郡。乡是初级机构，大部分“民事”纠纷在这一级就应该解决了，少数难处理的案子才会上升到县乃至郡一级。

既然乡啬夫和三老都代表乡一级机构处理“民事”纠纷，那么两者之间是什么关系，有没有区别？似乎三老扮演了调解员或仲裁员的角色，以道德力量去说服当事人进行和解，或许有时也运用人生经验、地方风俗等判定是非；而乡啬夫则需要按照法律程序进行验问，制作爰书，并将处理结果上报县廷（如寇恩案中的乡啬夫

---

[1]《汉书·韩延寿传》，第3213页。
[2] 我们在最后一章还会详细分析这个案例。

宫）。三老的权威来自其作为一乡楷模的道德力量，他的判定依赖于乡间舆论和双方的自觉来执行。例如东汉名臣陈实于晚年退隐：

> 在乡闾，平心率物。其有争讼，辄求判正，晓譬曲直，退无怨者。至乃叹曰：“宁为刑罚所加，不为陈君所短。”[1]

史书虽没有说陈实担任了三老，但他的所做所为正是一位三老的行为表现，并且他正好已是一位老者。他对争讼的处理，让人心服口服，以至于比国家法律更有效力。

相比较而言，乡啬夫的权威则是由国家赋予的，他作出的判决背后有法律力量支持，可强制执行。里耶秦简 J1⑨984 记载的“（公元 28 年）八月甲午，迁陵拔谓都乡啬夫以律令从事”[2]，说明乡啬夫在秦代就有执法权威，汉代的情况也应该一样。[3] 乡啬夫作为一乡之长，除了听讼，还承办很多日常事务。里耶秦简反映出一乡之长需要操办户籍管理、赋税征收、刑徒管理、民间财产转移、地方情报记录、公家购买奴隶、任命乡吏等。[4] 汉代情况应该也差不多。在如此繁重的压力下，乡啬夫如何很好地听讼？

可以想象，如果乡民动辄找乡啬夫处理纠纷，乡啬夫将不堪重负，无法正常工作。为提高效率，国家为听讼设置了一个预筛选程序，而筛选的标准就是原告是否可以提供基本的证据。《二年律令》（简 335）对遗嘱纷争有此规定：“有争者，以券书从事，毋券书，毋

---

[1] 《后汉书·陈实列传》，第 2066~2067 页。

[2] 湖南省文物考古研究所等编：《湖南龙山县里耶古城战国—秦代一号井发掘简报》，载《文物》2003 年第 1 期。

[3] 很可能三老本不具听讼之职能，但由于自西汉中后期起尤其是东汉开始将教化运用到民事纠纷解决当中，三老也因“掌教化”而介入了“听讼”，和乡啬夫一起成为关键人物。

[4] 参见张朝阳：《也从里耶秦简谈秦的乡守、乡啬夫》，载《史林》2013 年第 1 期。

听。"[1] 郑玄则针对买卖和借贷纷争说道，"今时市买，为券书以别之，各得其一，讼则按券以正之" "听讼债者，以券书决之"[2]。可见原告若无基本证据支持，乡啬夫将不受理其诉讼。这既是对证据的重视，也是为了提高审理效率，避免太多纠缠不清的琐碎案件压垮乡一级机构的运作。

明白了乡一级机构在处理民事纠纷中的地位后，我们回头再看看郑玄"争财曰讼"的说法。据《后汉书》记载，郑玄曾担任过乡啬夫："玄少为乡啬夫，得休归，常诣学官，不乐为吏，父数怒之，不能禁"[3]。这样看来，郑玄在年少时[4]可能经常"听讼"并且对之感到很厌烦，还可以想见他当时常常书写爰书、记录先令、制作券书等。所以，郑玄"争财曰讼"的提法以及对券书等的解释应该是有所依据的。事实上，尽管郑玄年少时不喜为吏，但他却成为最权威的早期律注家。《晋书·刑法志》记载：

> 汉承秦制，萧何定律……后人生意，各为章句。叔孙宣、郭令卿、马融、郑玄诸儒章句十有余家，家数十万言……言数益繁，览者益难。天子于是下诏，但用郑氏章句，不得杂用余家。[5]

这段记载声称：汉代律注活动非常活跃，形成了很多不同的流派，造成律文理解上的混乱。最终，魏文帝（公元 220~226 年在位）下诏，废除各家，尊奉郑玄的注解为唯一的官方解释。这段记

[1] 《张家山·二年律令》，第 54 页。
[2] 《周礼注疏·秋官·士师》，第 10 页；《周礼注疏·天官·小宰》，第 5 页。
[3] 《后汉书·郑玄列传》，第 1207 页。
[4] 据王利器考证，郑玄 21 岁为乡啬夫。参见王利器：《郑康成年谱》，齐鲁书社 1983 年版，第 33 页。
[5] 《晋书·刑法志》，中华书局 1974 年版，第 922~923 页。

载被当代研究所证实。2006年，龙大轩从传世文献中钩沉出了15位汉代律注家所作的共543条律注，其中属于郑玄的有193条，约占总数的1/3。[1] 这种钩沉结果既印证了汉代律注活动的活跃，也印证了郑玄律注的独尊地位。郑玄对争财和争罪的解释在魏文帝以后成为唯一官方定义，想必在东汉时也非常具有影响力，否则何以被魏文帝所尊奉？我们发现，东汉末年高诱注解《吕氏春秋·孟秋纪》“决狱讼，必正平”时，就重复了郑玄的看法，说到“争罪曰狱，争财曰讼”；三国韦昭《国语注》的相关注解也有郑玄的影子。这些情况反映了郑玄的观点在当时的巨大影响力。所以说：郑玄的狱讼之别在东汉乃至魏晋非但不是臆说，而且还是那个时代的权威观点。

第四节 军队系统的“民事”诉讼

本章最后讨论一下“民事”诉讼是否军民有别。从现有资料推断，两者存在一定的细微差异，但整体上一致。军队有其特殊性，其初级受理机构视被告的职位而不同，并不像民政系统那样固定于乡。军人之间，上、下级有直接的从属关系，并且军人需要坚守岗哨不能轻易离岗应诉，所以如果被告一方为军官，则只能由其上级来处理，否则难以展开审理。例如，向一位候长追债，需要向其上级——候官提起诉讼；若起诉某候官，则需要向都尉府提出。但军队系统在处理军人间的纠纷时，仍然遵循国家统一的律令，程序上也与普通百姓间的诉讼一样，如这个案例：

---

[1] 参见龙大轩：《汉代律章句学考论》，西南政法大学2006年博士学位论文。

建始元年四月甲午朔乙未临木候长宪敢言之，爰书杂与=候史辅验问隧长忠等七人，先以所从主及它部官卒买☑三日而不更言请书律辨告乃验问。隧长忠卒尚等辞，皆曰=名郡县爵里年姓官除各如牒。忠等毋从所主卒及它☑。（《新简》E. P. T 51. 228）[1]

从“候长宪敢言之”中可以看出，这个上级机关应该是候官。我们可以看到这个案例的审理除了军队系统这一点外，和寇恩案没有区别：候长可类比乡啬夫，候官可类比县廷。

下面这个例子表明了将疑难案例向上级汇报的制度：

更始二年四月乙亥朔辛丑，甲渠鄣守候，塞尉二人移坙池律曰□□□☑□□□史验问，收责，报不服。移自证爰书，如律令。（《新简》E. P. C 39）[2]

这个债务纠纷发生时间为更始二年（公元 24 年），起初由某低级军官（某史）负责处理，但是被告不承认欠债，于是某史将此事上报给了甲渠鄣守候、塞尉，两人又将此事和有关爰书上报给了更上一级官员（可能是都尉府）。这也与民政系统的乡→县→郡三级申诉类似。

如果军民之间出现诉讼时，该如何处理？证据显示，当时似乎采用了“被告方原则”：若被告方为军人，则诉讼由军队系统解决，若被告方为百姓，则由民政系统解决。例如，寇恩案是候官起诉百姓，所以由乡啬夫受理：

建武三年十二月癸丑朔乙卯，都乡啬夫宫以廷所移甲渠候

[1] 《新简》，第 192 页。
[2] 《新简》，第 548 页。

书召恩诣乡。先以证财物故不以实藏五百以上，辞已定，满三日而不更言请者，以辞所出入罪反罪之律辨告，乃爰书验问。(《新简》E. P. F 22. 1 -3)[1]

该案发生于公元前 32 年，被告是基层军官（燧长忠等 7 人)，所以由其直接上级——候长来审理，候长审理时有候史辅助。验问前先告知了有关律令规定，审问结果有爰书记录，并向上级上报。但下面这个案例刚好相反，百姓起诉军人，由军队系统受理。

□居里女子石君佚、王子羽责候长李胜之钱二百九十三。谨验问。胜之辞：故与君佚夫彭祖为殄北塞外候☑五年十二月中，与彭祖等四人共杀牛，已校计，不负彭祖钱。彭祖徙署白石部，移书责厶羽钱二百九十三。厶爰书自证，不当偿彭祖钱。已决绝。彭祖免，归坠池，至今积四岁。君佚今复责厶钱。厶自证爰书在殄北候官，毋诣官。彭□□妻……（《新简》E. P. S 4. T 2. 52-53a)[2]

从原告被称呼为某里女子，可知其是百姓，被告是一位军人——候长。据文书末“自证爰书在殄北候官，毋诣官”，可知此债务案件由殄北候官受理，[3] 而候官正是候长的直接上级。总之，尽管军队系统存在一定的特殊性，但在处理“民事”纠纷上，基本与民政系统一致。[4]

---

[1] 《新简》，第 475 页。

[2] 《新简》，第 558 页。

[3] 这个案件较复杂，该女子夫君原本和李胜之一起服役，因杀牛产生了纠纷，当时判定李胜之没有债务责任，4 年后，该女子又追债。

[4] 这意味着，我们可以放心使用军队系统发生的案例（如许多居延案例）来研究“民事”诉讼的整体特点。

结　论

通过本章的讨论，结合第一章的分析，我们发现最晚在西汉的司法实践中就明显表现出争财和断狱的不同。这种实践上的区分逐渐理论化，到东汉时代开始反映在法律概念和术语上，即“狱”与“讼”之区别，后来由郑玄总结为“争财曰讼，争罪曰狱”。郑玄的观点在东汉—魏晋时代具有权威性，不但由魏明帝诏书定为唯一权威，也被高诱、韦昭等大体同时代的学者所接纳。由于在法律实践和概念上都存在争财与争罪之别，而这种区别可以类比当代民事与刑事的区分，本书认为：最晚在东汉时代，中国就正式形成了与刑法有区别的，用于调节私人财产关系的民法体系。因此，我们有充分理由将前面所讲的“民事”去掉引号，直接称为民事法律。

第三章

早期成文民法规

本章将分析已发现的早期成文民法规。这些法规调整和规范债务、赔偿、继承、家庭分割和妇女的财产权益等私人事务，而尤以家庭财产为中心。本章将进一步证明在早期中国，尤其是汉代，就已经存在民法。

事实上，尽管已发现的秦律绝大多数关涉刑法，但在睡虎地和龙岗秦简中可以看到个别处理债务和赔偿问题的民法条文。[1] 具体而言，1975 年出土的睡虎地秦律，虽然基本上是刑法，但掺杂了两条关于债务和赔偿的民法规。

(A) 百姓有责（债），勿敢擅强质，擅强质及和受质者，皆赀二甲。廷行事强质人者论，鼠（予）者不论；和受质者，鼠（予）者□论。（简 148）

(B) 将牧公马牛，马牛死者，亟谒死所县，县亟诊而入之，其入之其弗亟而令败者，令以其未败直（值）赏（偿）之。（简 16）

1989 年出土的云梦龙岗秦简，也有两条关于赔偿的律文。[2]

[1] 参见《睡虎地·法律答问》释文，第 127~128 页；《睡虎地·厩苑律》释文，第 24 页。
[2] 参见刘信芳、梁柱编著：《云梦龙岗秦简》，科学出版社 1997 年版，第 21 页。

(C) 马牛羊杀之及亡之，当偿而谇。(简 268)

(D) 稼偿主。(简 232)

这四条是已知最早的民法规实例。A 和 B 以答问的形式出现，是对相关律文的细化解释，而 C、D 则直接是律文。从内容上看，A 保护百姓不因债务而被非法暴力侵犯。由于对违反者采用了“赀”这种经济惩罚手段，[1] 其性质有些模糊，但是 B、C、D 是典型的民法规：前两者规定了为公家放牧时，死亡或丢失了牲畜所应承担的赔偿责任，D 则表明在某种情况下，要将庄稼赔偿给主人。[2]

这些法规的出现应当不是空穴来风。它们关照的问题说明它们和秦国商品经济（借贷关系）及农牧经济的发展相关联，[3] 这种经济发展导致债务和赔偿意识的成长，也引发了很多纠纷，所以需要立法进行规范。很可能战国时代的秦国曾经有过一系列民事立法活动，但可惜没有资料留存下来。

第一节　汉代民法的发现与研究

与秦代的情况形成鲜明对比，西汉初年《二年律令》包含大量的民事法规。这批法律文献于 1983～1984 年自湖北张家山 247 号汉

[1] 《说文解字》：“赀，小罚以财自赎也。”段玉裁：《说文解字注》，上海古籍出版社 1981 年影印本，第 282 页。“赀”包括“赀甲”“赀盾”“赀布”等形式。

[2] 已知先秦时期的遗嘱都属于贵族阶层，内容与政治权力、身份的继承有关，不直接涉及财产继承，但里耶秦简中有两件庶民遗嘱用于处理家产，既是已知最早专属财产继承的遗嘱，也反映出遗嘱的使用由贵族普及到了民间。将于下一章详细讨论遗嘱问题。

[3] 曹旅宁认为秦自商鞅变法后，牛马在国家的经济生活中占有重要地位。参见曹旅宁：《秦律厩苑律考》，载曹旅宁：《秦律新探》，中国社会科学出版社 2002 年版。

墓出土，2001年正式公布。此外，2018~2019年湖北胡家草场汉墓出土的律令亦包含相当比例的民法内容。[1] 由于胡家草场简牍目前仅公布了极少量内容，并且涉及民法的部分与《二年律令》几乎完全相同，下面重点分析《二年律令》。

《二年律令》是原简自题，其“二年”是指吕后二年（公元前186年）。这批资料共包括27篇律和1篇令，其中有4条关于债务和赔偿的规定与秦律有明显的继承关系。[2]

> 犬杀伤人畜产，犬主赏（偿）之。（简50）
>
> 马、牛、羊、豨彘、彘食人稼穑，罚主金马、牛各一两，四豨彘若十羊、彘当一牛，而令挢（?）稼偿主。（简253）
>
> 亡、杀、伤县官畜产，不可复以为畜产，及牧之而疾死，其肉、革腐败毋用皆令以平贾偿。入死、伤县官，贾以减偿。（简433）
>
> 亡、毁、伤官器财物，令以平贾价偿。入毁伤县官，贾价以减偿。（简434）

但最值得关注的是，这批资料出现大批的法规处理家庭财产问题，即《户律》（简306~346）、《置后律》（简368~390）以及《傅律》（简354~366）。[3] 《户律》涉及户的管理，名田宅制度，户的建立、分割和继承；《置后律》涉及身份（爵、户主）和户产的继

[1] 参见荆州博物馆、武汉大学简帛研究中心编著：《荆州胡家草场西汉简牍选粹》，文物出版社2022年版。据考证，这批资料是文帝时代的（以下简称《胡家草场》）。

[2] 《张家山·二年律令》，第15、43、68页。

[3] 徐世虹曾对这批民法规有过分析，参见氏作：《对汉代民法渊源的新认识》《汉代社会中的非刑法法律机制》。由于相关法规围绕着家庭内部的财产关系展开，所以本书将其合称为“家庭财产法”。

承；《傅律》则涉及非后子取得爵位和老人福利等事宜。[1] 三篇律文共计77枚竹简，约占出土《二年律令》15%的篇幅，构成已知早期民法的主体，本书称为“家庭财产法”，可谓古代法律史的重大发现。[2]

《二年律令》公布之前，汉代“家庭财产法”几乎完全不为学界所知[3]：《置后律》和《傅律》不见于传世文献，[4] 只有《户律》多少有些踪迹。最早提到它的是唐高宗时期编纂的《唐律疏议》：

> 汉相萧何承秦六篇律，加厩、兴、户三篇，迄于后周，皆名户律。北齐以婚事附之，名为婚户律。隋开皇以户在婚前，改为户婚律。[5]

《唐律疏议》记载，汉户律由萧何修订，然后通过一系列中间朝代的变革，最后由唐律继承。但实际上，唐户婚律和汉户律的关系很薄弱，因为后者很可能在晋代就已散逸。[6] 清末沈家本（1840~1913年）在作《汉律摭遗》时感叹：

---

[1] 《傅律》内容较杂，还包括国家给予老人的福利。

[2] 此外，2018年出土的胡家草场汉墓简牍亦有《户律》《置后律》《傅律》。据已公布的选粹来看，其内容与《二年律令》所见相同。

[3] 这在一定程度上要归咎于班固。《汉书·刑法志》没有提到任何具体的法规，仅说：“三章之法不足以御奸，于是相国萧何攈秦法，取其宜于时者，作律九章。”忽略细节，可能是因为班固生活在东汉中兴盛世，以为大家都熟知汉律，没想到有一日汉律竟会湮没无闻。但也可能如同何四维所推测的那样，《汉书·刑法志》的编纂目的本就不是记录和保存汉律，而是借题发挥地讨论当时的热点话题——肉刑的去留。

[4] 张家山汉简出土之前，汉傅律不见于世。秦傅律残文则见于睡虎地《秦律杂抄》。秦傅律和张家山傅律内容很不相同，不知何故。

[5] 长孙无忌主编、刘俊文点校：《唐律疏议·户婚》，中华书局1983年版，第231页。《晋书·刑法志》也有类似说法。

[6] 何四维发现《隋书·经籍志》中没有提到汉律，因此提出了晋代改律导致汉律逸散的说法。See Hulsewe, *Remants of Han Law*, p. 26.

> 按户律目无可靠，其事以赋役为重，故以赋役居先，唐户婚律四十四条，前廿五条并户事，余条略依其次序编入。[1]

沈家本假设徭役赋税是汉户律的首要关注，还认为唐的户婚律保留了汉户律，因此从正史中搜罗了关于赋役的汉律逸文，并从唐律中划出 25 条关于户的律文，将这些合在一起作为汉户律，但这种重构已被出土的《二年律令·户律》所否定。[2] 沈家本之后，程树德（1877~1944 年）也面临着同样的困境。[3] 不过程树德仅引述了《唐律疏议》的说法，没有去进一步猜测其内容。[4]

20 世纪的学者们继续寻找汉户律的踪迹。1955 年，何四维从应劭的《风俗通义》中钩沉出一条遗文。[5] 但该律文适用范围仅限于汉中、巴、蜀、广汉，内容似乎也和“户”无关，所以是否真的属于户律令人生疑。直到 1975 年，终于有户律出土了。睡虎地秦简中有一枚魏户律残简，表明汉户律有其历史渊源。但这枚珍贵的残简内容实在简略，没有引起多少学者的研究兴趣。[6]

《二年律令》的出土彻底改变了这种局面。李均明是最早利用这些法规研究汉代继承关系的学者。在《张家山汉简所见规范继承关

---

[1] 沈家本：《汉律摭遗》。该书广泛搜罗正史、册书和经典中的汉律逸文及律注。

[2] 出土汉律不支持沈家本的第一个假设；《二年律令》户律基本上不涉及赋役。沈家本的第二个假设则忽略了汉唐间的法律变迁。相关研究，参见张伯元：《〈汉律摭遗〉与〈二年律令〉比勘记》。

[3] 参见程树德：《汉律考》。

[4] 参见程树德：《汉律考》，第 15 页。

[5] See Hulsewe, *Remnants of Han Law*, p. 36.

[6] 例如，大庭修仅仅讨论了其断代，而对其内容完全忽视。曾经苦心孤诣寻找户律的何四维也对此秦简无太多兴趣，仅在《秦律遗文》（1985 年）中将其翻译成英文而未作任何讨论。已有研究主要集中在释文考证上。新近成果，参见张继海：《睡虎地秦简魏户律的再研究》，载《中国史研究》2005 年第 2 期。

系的法律》(2002 年) 一文中,[1] 李均明将有关律文分为法定继承和遗嘱继承两类。后者他认为就是和“先令”有关的法规，而前者他又细分为三类：身份继承、户产继承、继承顺序。身份继承主要是继承爵位和户主地位，在身份继承完成后才会进行相应的财产继承。李均明敏锐地关注到，对爵位的继承和对户主地位的继承顺序不同。总之，李均明的分析将爵位继承与户的继承分离，为进一步研究建立了一个分析框架。

紧接着李均明、尹在硕对这批资料进行了更深入的分析。在《睡虎地秦简和张家山汉简反映的秦汉时期后子制和家系继承》(2003 年) 一文中,[2] 尹在硕论证了汉置后律和秦律有一定的渊源，因为秦律就体现出后子概念。尹在硕进而指出“后子”和“子男”的关系：子男中被确立为后的就是后子，后子继承祭祀祖先的特权和户主身份，并在分析家产时优先选择田地。[3] 落合悠纪则综合了日本学界的研究成果。在《漢“二年律令”における爵と戸の継承–継承予定者についての一考察》一文中 (2007 年)，落合悠纪提出三点：(1) 继承爵位和户的差异表明前者以血亲关系为核心，而后者以维持户的共同生活（同居）为核心；(2) 奴可以代户说明了国家非常看重户的延续；(3) 同产相互为后必须是同户籍。[4]

与落合悠纪同一时间，刘欣宁对律文给出了自己的解读。在专著《由张家山汉简〈二年律令〉论汉初的继承制度》(2007 年)

[1] 参见李均明：《张家山汉简所见规范继承关系的法律》，载《中国历史文物》2002 年第 2 期。

[2] 参见［韩］尹在硕：《睡虎地秦简和张家山汉简反映的秦汉时期后子制和家系继承》，载《中国历史文物》2003 年第 1 期。

[3] 笔者也同意这个看法。

[4] 参见［日］落合悠纪：《漢“二年律令”における爵と戸の継承–継承予定者についての一考察》，载《汉史学研究会会报》2007 年第 12 期。

中，刘欣宁考证了“死事”特指战死或因公殉职，关注到受耐刑惩罚的人不能成为“后”，而自杀者不能为其置后。刘欣宁还总结出汉代继承的两个独特之处：（1）与后世均分家产不同，采用了单一继承人原则。该继承人继承死者的爵位和户主地位，并且在析产时享有更多的财产。[1]（2）与后世对继承祭祀的重视不同，汉律不涉及这一问题。[2]

王彦辉《张家山汉简〈二年律令〉与汉代社会研究》（2010年）则着重探讨了土地制度、名田宅、继承、私债以及私奴婢地位等问题。提出了土地私有权是武帝时期才确立的，汉初尚未私有；名田宅是实际执行的制度但文帝以后被逐渐废弃；汉代私奴婢具有人格权等观点。[3]

已有研究辨析清楚了一些问题，但也引发了很多争议。在前人研究基础上，本书将厘清和淬炼汉代“家庭财产法”的概要与精华，重点分析若干有争议的问题。

第二节　核心术语的辨析和界定

在分析梳理汉代“家庭财产法”概要之前，必须厘清四组易混淆的术语。目前学界存在的一些认识分歧，在一定程度上与对这些术语的理解有关。

---

[1] 参见刘欣宁：《由张家山汉简〈二年律令〉论汉初的继承制度》，台北，台湾大学出版委员会2007年版，第143~148页。笔者不敢苟同这个观点。

[2] 参见刘欣宁：《由张家山汉简〈二年律令〉论汉初的继承制度》，台北，台湾大学出版委员会2007年版，第163~168页。

[3] 参见王彦辉：《张家山汉简〈二年律令〉与汉代社会研究》，中华书局2010年版。

一、后组（后、爵后、户后）

“后”，作为早期法律术语，是继承人的统称，整个《二年律令·置后律》就是围绕这个概念展开的。在一般用法上，“后”是指后代，例如“不孝有三，无后为大”（《孟子·离娄》）。但法律上的“后”所涵盖的亲属范围要广泛得多，不仅包括直系后代和旁系后辈，还包括平辈甚至长辈。在最宽泛的情况下，死者的重孙、孙、儿女、侄子、遗孀、兄弟姊妹、父母、祖父母都有资格成为“后”。[1] 例如，张家山《奏谳书》记载：“故律曰：死夫以男为后。毋男以父母，毋父母以妻，毋妻以子女为后。”[2]（简 180）由于继承分爵位和户两步进行，相应地，“后”又被细分为爵后（爵位继承人）和户后（户主身份继承人）。律文：“死，其寡有遗腹者，须遗腹产，乃以律为置爵、户后。”[3]（简 376）这里就使用了“爵后”和“户后”两个术语。

“爵、户后”。“爵后”这个术语在睡虎地秦简中就出现过。《法律答问》：“可（何）谓‘后子’？官其男为爵后，及臣邦君长所置为后大（太）子，皆为‘后子’。”[4]（简 72）尹在硕、王彦辉等学者根据这则资料，推断“后”在秦代就有，而汉代继承了秦的后子制。[5] 但不容忽略的是，秦简中尚未见到“户后”这一用法。秦简只有一例“后”与户有关。《法律答问》：“士五（伍）无子，其

[1] 视具体情况，这个范围会有所收缩，具体见后文对继承的分析。
[2] 《张家山·奏谳书》，第 108 页。
[3] 《张家山·二年律令》，第 60 页。
[4] 《睡虎地·法律答问》释文，第 110 页。
[5] 参见尹在硕：《睡虎地秦简和张家山汉简反映的秦汉时期后子制和家系继承》；王彦辉：《张家山汉简〈二年律令〉与汉代社会研究》，第 81~84 页。

弟子以为后，与同居。”[1]（简 71）由于士伍无爵位，所以士伍的“后”只能是户的继承人，但文本中并没有使用“户后”这个术语，颇耐人寻味。[2]

“户后”首次出现是在《二年律令》中。除了简 376 外，还有“寡为户后，予田宅，比子为后者爵。其不当为户后，而欲为户以受杀田宅，许以庶人予田宅”。[3]（简 387）这里的“户后”就是指户主地位的继承人。

在一般情况下，爵后和户后由同一人承担：通常是嫡长子，无嫡长子则由庶长子。但在两种情况下会出现爵后和户后不一致的现象——继承爵位者并不同时继承户主身份：（1）户主没有儿子。简 376 之所以要细分爵后和户后就与此有关。遗腹子如果是男婴，则自动成为“后”（爵后、户后一致）；若是女儿，则要分别设立爵后和户后（详见后文对继承的分析）。[4]（2）嫡长子身受耐刑及以上的肉刑。在这种情况下，嫡长子仍然可以担当户后，但爵后则由其他儿子担当，因为“尝有罪耐以上，不得为人爵后”（《傅律》，简 390）。

二、子组（子、子男、后子、孽子、假子）

“子”这个词在《二年律令》中有三种用法：有时泛指儿女，有时特指儿子，有时也特指女儿。其中，泛指儿女的例子最多。

---

[1]《睡虎地·法律答问》释文，第 110 页。

[2] 秦简还有两处提到“后”：(1)《法律杂抄》：“战死事不出，论其后。有（又）后察不死，夺后爵。”(2)《军爵律》：“从军赏以劳论及赐，未拜而死，有罪法耐迁其后；及法耐迁者，皆不得受其爵及赐。”这两例中的“后”显然都与爵相关，而没有牵扯到户。

[3]《张家山·二年律令》，第 61 页。

[4] 王彦辉认为“对有爵者而言，‘爵后’即‘户后’”。参见氏著：《张家山汉简〈二年律令〉与汉代社会研究》，第 107 页，这个看法恐不正确。由于爵位继承和代户顺序不同，所以会出现爵后与户后的分离。

例如，简358：“民产子五人以上，男傅，女十二岁，以父为免……”由“男傅，女十二岁”的区分，可以推断“子五人以上”中的“子”泛指儿女。简31：“褱（怀）子而敢与人争斗，人虽殴变之，罚为人变者金四两。”此处的“子”显然泛指儿女，因为以古代的科技，不可能判定孕妇所怀胎儿的性别。简174：“罪人完城旦舂、鬼薪以上，及坐奸府（腐）者，皆收其妻、子、财、田宅。其子有妻、夫，若为户、有爵，及年十七以上……”[1] 从“其子”既可以有妻也可以有夫可知“子”泛指儿女。

但《二年律令》中的“子”也有特指儿子的情况。简195：“复男弟兄子、孝［季］父、柏［伯］父子之妻、御婢，皆完为城旦。”从“子之妻”可知“子”为男性。此外，还有特指女儿的情况。简190：“奴取（娶）主、主之母及主妻、子以为妻，若与奸，弃市，而耐其女子以为隶妾。”[2] 这里的“子”显然是指女儿，否则就不可能“以为妻”了。但相对泛指而言，特指的例子很少，并且是由语境决定的。所以一般情况下，“子”就是泛指儿女。这种用法被后来的居延汉简所沿袭。《合校》简27.4“制虏燧卒周贤……子，使女，捐之，年八……；子，使男，并，年七……”[3] 作为旁证，“子”的这些用法在传世文献中也都有反映。《诗·鸱鸮》，“既取我子，无毁我室”；《礼记·哀公问》，“子也者，亲之后也”，两例都泛指儿女。《诗·桃夭》，“之子于归，宜其室家”[4]，显然特指女子出嫁。

[1] 《张家山·二年律令》，第58、13、32页。
[2] 《张家山·二年律令》，第34页。
[3] 《合校》，第41页。
[4] 以上引文，参见《毛诗正义·豳风·鸱鸮》，第1页；《礼记正义·哀公问》，第10页；《毛诗正义·周南·桃夭》，第15页。

子男。“子”在用法上的灵活性为解读律文带来了一些困扰。在缺少上下文的情况下，如何区别“子”的性别？很可能这在当时就已经是个问题，而为了解决这一问题，又用“子男”专指儿子，用“女”专指女儿。例如，“它子男欲为户，以为其□田予之”（简313）；“诸侯王女毋得称公主”（简223）；“死毋子男代户，令父若母，毋父母令寡，毋寡令女”（简380）。[1] 这种区分在传世文献中也有体现。例如，《汉书》卷35：“定国与父康王姬奸，生子男一人。”《史记》卷49：“于是召平阳主、南宫主、林虑主三人俱来谒见姊，因号曰修成君。有子男一人，女一人。”[2]

后子。“子”与“后”结合，还产生了“后子”这一术语。这个术语在传世文献中无征，在出土文献中则主要用于爵位继承的语境。前引睡虎地秦简在解释秦律“后子”时就指向了爵后。汉律也有这个倾向。例如：“疾死置后者，彻侯后子为彻侯……关内侯后子为关内侯。”[3]（《二年律令》简367）

“后子”是否有性别要求？尹在硕曾提出“后子”是指被立为“后”的子男，不包括女儿。这种看法契合《白虎通》“妇人无爵”的说法，所以得到很多学者的赞同。但由于《二年律令》明确规定，女儿有资格继承爵位（死事者之女），而“子”常泛指儿女，是否“后子”也包括女儿？此外，尽管已有资料中的“后子”都专指“爵后”，但从逻辑上分析，是否也包括“户后”？换言之，无爵者是否也有资格确立“后子”？目前资料尚不足以解答这两个问题，姑且存疑。

---

[1]《张家山·二年律令》，第52、60页。
[2]《汉书·燕王传》，第1903页；《史记·外戚列传》，第1982页。
[3]《张家山·二年律令》，第59页。

孽子。由于古代的一夫一妻多妾制，产生了“孽子”这个术语。这个词在今天具有侮辱性，但在汉代则是中性词，指妾生子。《说文》：“孽，庶子也。”段注：“凡木萌旁出皆曰蘖，人之支子曰孽，其义略同。”[1]《史记·淮南衡山传》：“王有孽子不害，最长，王弗爱，王、王后、太子皆不以为子兄数。”注曰：“孽，庶也。”[2] 这种用法同样出现在《二年律令》中。“诸后欲分父母、子、同产、主母、叚（假）母、及主母叚（假）母欲分孽子、叚（假）子田以为户者，皆许之。”[3]（简 340）这段律文表明，除了一般的父母与子的关系之外，还有较为特殊的主母、假母与孽子、假子关系。主母显然是指正妻，《史记·苏秦列传》：“妻使妾举药酒进之。妾欲言酒之有药，则恐其逐主母也，欲勿言乎，则恐其杀主父也。”[4] 所以可推断：孽子就是和正妻没有血缘关系的妾生子。那么假母与假子又是指什么呢？

假子。在传世文献中，这个词有两种意思。首先，与婚姻变动有关，指前妻或前夫之子；其次，也可以指收养的养子。《汉书》有一例：

> 春正月，美阳女子告假子不孝，曰：“儿常以我为妻，妒笞我。”[5]

这里有不伦行为的“假子”显然和其假母没有血缘关系，但又不是孽子，所以王先谦在《汉书补注》中引前人说法：“前妻之子。”[6]《古列女传》中有更明确的例子。魏安釐王任君主时，有

[1] 《说文解字注》，第 743 页。
[2] 《史记·淮南衡山列传》，第 3088 页。
[3] 《张家山·二年律令》，第 55 页。
[4] 《史记·苏秦列传》，第 2265 页。
[5] 《汉书·王尊传》，第 3227 页。
[6] 王先谦：《汉书补注》，中华书局 1975 年版，第 4970 页。

一位魏芒慈母，对丈夫前妻的子女很慈爱。前妻之子犯法，慈母努力营救。有人问她为何，她回答说：

> 如妾亲子，虽不爱妾，犹救其祸而除其害，独于假子而不为，何以异于凡母？其父为其孤也，而使妾为其继母……亲其亲而偏其假，可谓义乎？[1]

这里所说的“假子”是前妻之子。“假子”也可指前夫之子。《三国志》引《魏氏春秋》则有一例。曹操曾纳杜氏为妾，杜氏原本有子，“太祖甚爱之。每坐席，谓宾客曰：‘世有人爱假子如孤者乎？’”[2] 这个被曹操厚爱的“假子”显然是杜氏前夫之子。史书记载，他名叫作秦朗，并未改姓曹。

“假子”似也能指收养之子。《三国志》裴松之注引《魏略》：

> 太祖在汉中，而刘备栖于山头，使刘封下挑战。太祖骂曰：“卖履舍儿，长使假子拒汝公乎！”封，备养子。[3]

但“养子”的含义恐怕出现的比较晚，最早就是《三国志》，不见于汉代文献，并且，这个词义似乎不在法律上使用。董仲舒《春秋决狱》记载：“甲无子，拾道旁弃儿乙，养之以为子。及乙长，有罪杀人，以状语甲，甲藏匿乙……”[4] 这个案例是说养子的事情，但并没有使用“假子”这个词语。

所以，《二年律令》中的“假子”应该不包括养子，而专指前妻或前夫之子。[5] 相应地，“假母”就是继母。

[1] 《古列女传·魏芒慈母》，中华书局1985年影印本，第27页。
[2] 《三国志·魏书·明帝纪》注，中华书局1959年版，第100页。
[3] 《三国志·任城陈萧王传》裴松之注2，第556页。
[4] 程树德：《九朝律考》，中华书局1963年影印版，第164页。
[5] 张家山整理小组认为“假子”是前妻之子，这种看法不全面。

三、同产组（同产、男同产、女同产）

“同产”，这个术语在古文献中颇为常见，唐李贤将其解释为“同母兄弟也”。[1] 但是在《二年律令》中，“同产”的含义与此刚好相反。该词泛指兄弟姊妹，但不包括同母异父的情况。例如，简191：“同产相与奸，若取（娶）以为妻，及所取（娶）皆弃市。”从禁止“同产”之间通奸或嫁娶可知，这个词既包括男性也包括女性，泛指兄弟、姊妹。简378：“同产相为后，先以同居，毋同居乃以不同居，皆先以长者。其或异母，虽长，先以同母者。”[2] 这里点明了同父异母者也属于同产。该律文在规范同产之间的继承关系时，只关注同父异母、同父同母，而忽略了同母异父的情况。[3] 这似乎说明：和李贤注恰恰相反，法律上的“同产”不包括后者，这类兄弟姊妹之间不能互相为后。所以，具有继承资格的“同产”就是指同父的兄弟姊妹。[4]

“男、女同产”。继承顺序有时需要区分性别，所以又以“男同产”特指兄弟，“女同产”特指姊妹。[5] 简369：“毋子男以女，毋女以父，毋父以母，毋母以男同产，毋男同产以女同产。”这里就区分了男同产与女同产。这种用法在居延汉简中也有反映。《合校》简

---

[1] 参见《后汉书·显宗孝明帝纪》李贤注，第96页。

[2] 《张家山·二年律令》，第34、60页；也见《胡家草场》，第195页。

[3] 从语义上看，“先以同母者”应该指同父同母的情况。该律文默认了同父的前提条件，所以只对是否同母进行区分。

[4] 邢义田先生有类似观点。参见《张家山汉简〈二年律令〉读记》，载简帛网2006年1月7日，http：//www. bsm. org cn/show article. php？ id = 175。邢先生认为，张晏注：《汉书·元后传》中“同父则为同产，不必同母也”至少在汉初是对的。笔者以为，还可以区分法律与一般用法两种语境。“同产”在这两种语境中可能用法不同。

[5] 关于这一问题的详细分析，参见马瑞、李建平：《“同产”词义考辩》，载《汉字文化》2011年第2期。笔者不太赞同该文的分析方法和结论。

24.1："徐宗年五十。妻一人，子男二人，子女二人，男同产二人，女同产二人。"[1]

四、户组（为户、书户、代户）

"为户"。"户"原本指半扇独门，在战国时代成为最小社会经济单元的称谓。[2] 户的成员同居共财，共同维系生计，承担赋役和连带法律责任。所谓"为户"，就是指建立新户；"为，造作"[3]。这个用法在《户律》中常见。例如：

简316："公卒、士五（伍）、庶人一宅，司寇隐官半宅。欲为户者，许之。"

简318："未受田宅者，乡部以其为户先后次次编之，久为右。"[4]

简345："为人妻者不得为户。"[5]

这些例子中的"为户"都是创立新户的意思。

"书户"，指将户登记在册。简335规定："所分田宅，不为户，得有之，至八月书户。"所分的田宅只有"书户"之后，才获得官方确认，受到保护。"书户"似乎也叫"定籍"。

---

[1]《合校》，第34页。

[2] 关于户的起源有三种看法：池田温将它直接和商鞅变法联系起来，并以公元前375年秦户籍制度的建立作为起点；杜正胜则将户的产生归因于春秋晚期战国时代一系列强兵的改革，把户的产生和君主控制人口、直接征兵的需要联系起来；堀敏一则指出，除了军事原因外，小农经济在这一时期的兴起也促进了户的形成。参见［日］池田温：《中国古代籍帐制度的研究》；杜正胜：《编户齐民：传统政治社会结构之形成》，台北，联经出版事业公司1990年版；［日］堀敏一：《中国古代の家と集落》，汲古书院1996年版。

[3] 王力：《王力古汉语词典》，第676页。

[4] 此外，胡家草场出土的《户律》亦有相同规定，参见《胡家草场》，第194页。

[5]《张家山·二年律令》，第52、56页。

简322：代户，贸卖田宅，乡部、田啬夫、吏留弗为定籍，盈一日，罚金各二两。[1]

简337：民大父母、父母、子、孙、同产、同产子，欲相分予奴婢、马牛羊、它财物者，皆许之，辄为定籍。

原来，汉代在户的管理上，有各种各样的“籍”。简331规定：

民宅园户籍、年细籍、田比地籍、田命籍、田租籍，谨副上县廷，皆以箧若匣匮盛，缄闭，以令若丞、官啬夫印封。[2]

这五种“籍”应该就是“书户”的具体内容，用以登记宅院、田地四至、户的成员、赋税状况等信息[3]，所以“书户”和“定籍”是同一事物的两面。

“代户”。“代”是替代的意思。《说文》：“代，更也;”《段注》：“凡以此易彼谓之代。”[4] 所以“代户”是指户的传承，由新户主替换旧户主。简378~379规定：

死毋子男代户，令父若母，毋父母令寡，毋寡令女，毋女令孙，毋孙令耳孙，毋耳孙令大父母，毋大父母令同产子代户。同产子代户，必同居数。弃妻子不得与后妻子争后。[5]

这里的“代户”都是说更新户主。但《二年律令》有一例“代为户”不好理解：

孙为户，与大父母居，养之不善，令孙且外居，令大父母居

[1] 此外，胡家草场出土的《户律》亦有相同规定，参见《胡家草场》，第194页。
[2] 参见《张家山·二年律令》，第53~55页。
[3] 这些“籍”显然属于户籍文书，但到底是什么内容，学界分歧很大。参见朱红林：《张家山汉简〈二年律令〉研究》，黑龙江人民出版社2008年版，第244~260页。
[4] 《说文解字注》，第375页。
[5] 《张家山·二年律令》，第60页。

其室，食其田，使其奴婢，勿贸卖。孙死，其母而代为户，令毋敢遂（逐）夫父母及入赘及道外取其子财。（简 339）[1]

“孙死，母代为户”是说“代户”：孙无子，按继承顺序由孙之母成为新的户主，还是说，代为立户：孙死，有幼子，尚不能承担户主的责任，故而由孙之母暂时充当户主？后一种情况虽然不是不可能，但为何不提孙之妻？就孙之子而言，孙之妻（也就是该子之母）显然比孙之母（也就是该子之祖母）更亲近，更有资格代为管理户产。这样看来，“代为户”实质上是“代户”的另一种说法。简文是说：孙死无子，则由孙之母继承户主地位。

第三节　“家庭财产法”概要

一、户的创立

商鞅变法颁布《分异令》，“民有二男以上，不分异者倍其赋”，以经济手段要求男子到了一定年龄就从父户中分出，独自立户。从此，分异（生分）就成为创立新户的重要方式。[2] 据说这导致“秦人家富子壮则出分”[3]。出土文献印证了这个说法。睡虎地秦墓出土的《日书》（甲种）有所谓“离日”适合“分异”的说法，“离日不可以嫁女、娶妇及入人民畜生，唯利以分异”[4]。在这

[1] 《张家山·二年律令》，第 55 页。

[2] 参见《史记·商君列传》，第 2231 页。关于分异令的研究比较有共识，一般采用瞿同祖的说法，认为从商鞅创立到魏文帝废“异子之科”之前一直有效。但也有人质疑这种看法，认为“异子之科”不是“分异令”，因为“科”和“令”不同。

[3] 《汉书·贾谊传》，第 2244 页。

[4] 《睡虎地·日书》释文，第 190 页。

个历史背景下，《二年律令》规定：

> 诸（?）后欲分父母、子、同产、主母、叚（假）母，及主母欲分孽子、叚（假）子田以为户者，皆许之。（简340）[1]

从字面上看，这条律文规范了诸“后”[2] 分田立户之事情。由于律文另行规定有遗嘱继承和法定继承，所以这里关注的应该是生分的情况。它为生分创造了便利，解决了自立门户的物质基础——田宅之来源。我们知道，秦汉时代的男子到了15岁就成为“大男”，同时也就具有了立户资格。但“大男”如果还没有到傅籍年龄（20~25岁），就不能获得等级身份，也就不能按等级向国家申领田宅。如果在这个比较尴尬的年龄段内立户，他只能要求从旧户中分走田宅。律文正是肯定了这种分田的要求。

律文在行文上也给了我们线索：“以为户”说明旧户主还健在，否则“后”应该“代户”，而不是分田以“为户”。从律文中我们还能推断出，作为“后”的儿子，在父亲健在时也可以分出，自立门户。这个推测可以被下面的律文佐证：

> 寡夫、寡妇毋子及同居，若有子，子年未盈十四，及寡子年未盈十八，及夫妻皆瘁（癃）病，及老年七十以上，毋异其子；今毋它子，欲令归户入养，许之。（简343）[3]

文本有一难解之处：“及寡子年未盈十八”指什么？是指寡妇、寡夫之子到了18岁吗？应该不是。此前已经限定了（寡妇、寡夫）如果有子，年龄不到14岁，若紧接着又说寡妇、寡夫之子不到18

[1] 《张家山·二年律令》，第55页。
[2] 对于“后”“户”“同产”“子”等一系列术语的分析，详见本章第2节。
[3] 《张家山·二年律令》，第55页。

岁，则实属多余。所以，“寡子”应该不是指寡妇、寡夫之子，而是指独子。这样，律文规定了四种不进行分异的情况，包括：（1）寡夫、寡妇之子未满14岁；（2）若寡夫、寡夫只有独子，则放宽到不满18岁；（3）夫妻都丧失了自理能力；（4）夫妻年纪在70岁以上（律文未明言是一方还是双方都在70岁以上）。据此可知，除了这四种情况外，一般要分异。[1] 独子这一条最值得关注，它说明即便只有一子，他长到了18岁以后还是要分异的。这呼应了简340中体现的“后”可生分而自立门户的情况，[2] 也帮助我们理解下面这条令人费解的规定。

> 孙为户，与大父母居，养之不善，令孙且外居，令大父母居其室，食其田，使其奴婢，勿贸卖。孙死，其母而代为户，令毋敢遂（逐）夫父母及入赘及道外取其子财。[3]（简339）

为何孙可以是户主而祖父母却不是？其实，理解到独子可以生分立户后，我们就理顺了这个复杂的过程。可推想：独子于父母健在时已经独自立户。当父母丧失劳动能力或70岁以后，归入子户养老，子户的户主仍然是儿子。儿子死后，第一顺序的继承人是其子，也就是老人的孙子，所以孙子代户，成为新户主。于是有了简338的规定，以确保孙子代替儿子养老。若孙子死了，孙子无子男，则按照代户顺序由第二顺位“其母”代户。新的户主仍然有义务赡养老人。

与生分有关的这一系列规定表明，商鞅的分异令在汉初仍然执

---

[1] 参见晋文、李伟：《从〈二年律令·户律〉看汉初立户分户问题》，载《中国农史》2008年第3期。该文对简342~343的解读与笔者基本相同。

[2] 这一点值得深入研究，它反映了秦、汉初个人的独立性，超乎我们的想象。

[3] 《张家山·二年律令》，第55页。

行，并且所谓“二男”并非指两个儿子，而是指两位男丁。[1] 换言之，若父亲健在，则即便只有一个儿子，儿子到了一定年龄（《二年律令》规定 18 岁）也要分户独立。这造成了一个社会后果：秦、汉时代，以小家庭为主流，[2] 直系亲属间财产关系厘定得相当清晰。[3]

除了从旧户中分得田宅外，向国家申领也是一种渠道。男子到了 20~25 岁时，可以通过“傅籍”获得一定的等级身份，此后就有资格按等级向国家申领相应数量的田宅。若一直没有立户，则可以于此时自立门户。无论从旧户中分田宅，还是向国家申领田宅，立户有个重要的时间节点——八月。“民欲别为户者，皆以八月，非户时勿许。”[4]（简 345）这是为了和当时的户籍管理程序相匹配，便于操作。八月，县、乡案比户籍，可顺势登记新户。有关律文规定：

> 恒以八月令乡部啬夫、吏、令史相杂案户籍，副臧（藏）其廷。有移徙者，辄移户及年籍爵细徙所，并封。留弗移、移不并封。（简 328）[5]

---

[1] 关于“二男”有两种观点：（1）两个成年儿子；（2）包括父亲在内的两名成年男性。前一种看法，See Qu Tongzu, *Han Social Structure* (Seattle: University of Washington Press, 1972), p. 252；李根蟠：《从秦汉家庭论及家庭结构的动态变化——兼与杜正胜先生商榷》，载《中国史研究》2006 年第 1 期。后一种看法，参见杜正胜：《传统家族结构的典型》，载杜正胜：《古代社会与国家》，台北，允晨文化公司 1992 年版；张金光：《商鞅变法后秦的家庭制度》，载《历史研究》1998 年第 6 期。

[2] 汉代家庭形态颇受史学界关注，后面将详细分析。

[3] 这与东汉以后逐渐形成并被推崇的同居共财传统截然不同。例如，《唐律・户婚》规定：“诸祖父母、父母在而子孙别籍异财者，徒三年。”（《唐律疏议》，第 236 页）

[4] 《张家山・二年律令》，第 56 页。

[5] 《张家山・二年律令》，第 54 页。

二、继承制度

子男成年后立户，获取爵位，积累财产。死后，他的一切所得将被“后”所继承。与中古以后仅涉及财产不同，汉代的继承包括爵位继承和户的继承（代户）两个方面。其突出特点表现为双重分离：（1）由于爵位和户的继承顺序很不同，所以爵后和户后可以是不同的两个人；[1]（2）户主地位的获得和户产继承又不尽相同——新户主并不能全部继承旧户所有财产，财产将在诸子间被平分。[2]

（一）爵位继承

爵本是饮酒之器，大约到西周后期正式成为具有等级标志的称呼。[3] 西周有所谓五等爵制，即公、侯、伯、子、男。拥有这些爵位的都是国君，用来标识大小国君地位之等差，与一般贵族无涉。涉及一般贵族的是所谓的“内爵”：公、卿、大夫、士。这种内爵在战国时代的秦国被发展成了以军功主导的20等爵制，破除了血缘垄断而向平民开放。其特色是：爵位可通过军功获得，各级爵位都享有相应的权益，包括田宅和司法、赋役特权。[4] 这种爵制被汉代继承，反映在汉初的《二年律令》中。

20等爵虽然向平民开放，但还残留了一些爵本源上的贵族特色，所以爵位在一定程度上可以被后代继承。这个继承又分因公殉

---

[1] 王彦辉认为：“对于有爵者而言，‘爵后’与‘户后’是统一的”。参见氏著：《张家山汉简〈二年律令〉与汉代社会研究》，“前言”第4页，但这个看法不确切，只有在有子男的情况下，爵后与户后才是统一的。

[2] 只有住宅是例外：若自立门户的诸子住宅不与旧户相邻则无法分得旧户住宅。换言之，在这种情况下，旧户的宅将被新户主完全继承。

[3] 参见晁福林：《先秦时期爵制的起源与发展》，载《河北学刊》1997年第3期。

[4] 这个变革过程，参见阎步克：《品位与职位：秦汉魏晋南北朝官阶制度研究》，中华书局2002年版，第72~95页；吕利：《律简身份法考论：秦汉初期国家秩序中的身》。

职和一般死亡两种情况。视情况不同，爵位的完整性和继承人的选择顺序都明显不同。具体而言，简 369~371 规定：

> □□□□为县官有为也，以其故死若伤二旬中死，皆为死事者，令子男袭其爵。毋爵者，其后为公士。毋子男以女，毋女以父，毋父以母，毋母以男同产，毋男同产以女同产，毋女同产以妻。诸死事当置后，毋父母、妻子、同产者以大父，毋大父以大母与同居数者。[1]

这里重点突出了“死事”的情况。由于残缺了 4 个字，“死事”包括的范畴有些不明。据朱红林、刘欣宁等研究者的考证，“死事”指战死、抓捕盗贼而死等情况。[2] 而胡家草场简牍则给我们提供了最权威的解释。胡家草场《置后律》说道：

> 吏民战、若为县官有为也，以故死，若伤二旬中死，皆为死事。[3]

这里就为《二年律令》补上了缺失的“吏民战、若”四个字，基本印证了朱红林等的研究成果。据此，本书简称“死事”为“因公殉职”。对于这类人群，国家在爵位继承上给予特殊照顾。“令子男袭其爵”，意味着可以原封不动地将爵位传给“子男”。若本身没有爵位，则将其“后”赐爵一级为公士。

“子男”一词值得品味。学者大多以为这里的“子男”就是指“后子”，但为何律文不直接使用“后子”一词？难道不担心在施行过程中引起理解混乱？显然，这条法规不局限于被置为“后”的儿

---

[1] 《张家山·二年律令》，第 59 页。

[2] 参见朱红林：《〈二年律令〉集释》，第 227~228 页；刘欣宁：《由张家山汉简〈二年律令〉论汉初的继承制度》，第 32 页。

[3] 《胡家草场》，第 194 页。

子，而是涉及死者所有的儿子，无论他是否具有“后”的身份；这正是“子男”一词的含义。[1] 所以本书以为，因公殉职者，其爵位不但可以原封不动地传给后子，还可以传给其他儿子。例如，假设其人为公大夫，因公殉职，遗留有 3 个儿子，则这 3 个儿子都获得公大夫的爵位。仅当死者没有爵位的时候，才仅关照“后”，给其赐爵一级为公士（毋爵者，其后为公士）。这里限定了“后”一人也很容易理解，原本就是特殊关照，自然惠及的人不能太多了。此外，若死者无“子男”，则律文规定按照这个顺序继承爵位：女→父→母→男同产→女同产→妻。

一般病死者的爵位继承则远没有因公殉职者那么优厚。简 367~368 规定：

> 疾死置后者，彻侯后子为彻侯，其毋适（嫡）子，以孺子[子、良人]子。关内侯后子为关内侯，卿侯后子为公乘，五大夫后子为公大夫。公乘后子为官大夫，公大夫后子为大夫，官大夫后子为不更，大夫后子为簪袅，不更后子为上造，簪袅后子为公士。其毋适（嫡）子，以下妻子、偏妻子。[2]

根据这个规定，可列表 3-1 如下。

表 3-1 一般病死情况下的爵位继承

死者爵等	死者爵位	“后子”爵等	“后子”爵位
20	彻侯	20	彻侯

[1] 刘欣宁等研究者认为此处的“子男”特指“后子”，但没有给出理由。在没有证据表明特指的情况下，本书倾向于以“子男”为所有儿子的统称。对于这些术语的分析，见本章第 2 节。

[2] 《张家山·二年律令》，第 59 页。王子今认为“孺子”“良人”“下妻”都是妾，参见王子今：《“偏妻”“下妻”考——张家山汉简〈二年律令〉研读札记》，载《华学》2003 年第 2 期。

续表

死者爵等	死者爵位	“后子”爵等	“后子”爵位
19	关内侯	19	关内侯
18	大庶长	8	公乘
17	驷车庶长	8	公乘
16	大上造	8	公乘
15	小上造	8	公乘
14	右更	8	公乘
13	中更	8	公乘
12	左更	8	公乘
11	右庶长	8	公乘
10	左庶长	8	公乘
9	五大夫	7	公大夫
8	公乘	6	官大夫
7	公大夫	5	大夫
6	官大夫	4	不更
5	大夫	3	簪袅
4	不更	2	上造
3	簪袅	1	公士
2	上造	0	无
1	公士	0	无

除了最高两等爵位世袭外，爵位继承都要降级，并且只能给予“后子”一人。[1]　“后子”一词表明，爵位继承人必须是被立为

[1]　后子的“子”是特指子男，还是泛指儿女呢？学界倾向于相信前者。

"后"的"子"(不清楚特指子男还是泛指儿女),确立原则是先嫡子后庶子,所谓"其毋适(嫡)子,以下妻子、偏妻子"[1](简361),这就将父母、同产、妻等亲属排除在爵位继承人之外。若死者无"子",则爵位无法传下去。只有一个例外:寡妻如果是户后,可以比照子为后的情况继承爵位,"寡为户后,予田宅,比子为后者爵"[2](简386)。

所以,排除因公殉职的情况,彻侯和关内侯以下爵位都是减等继承,并且基本上只能传给"后子"。这造成两个结果:首先,要想爵位被继承下去,本人必须有子。其次,爵位低于簪袅则对后代无意义,因为将自动归零。这种制度一方面,激励当事人努力获得高等爵位从而享有相应的待遇,[3]另一方面,又通过减等和收回为新人进入这个体系留下了通道。[4]

(二)户的继承

与爵位相比,户的继承有两个显著特点:首先,继承不分死因,一视同仁,死事者和一般死者遵循同样的规范。其次,继承人选范围要广泛得多:父母、妻子、同产、祖父母等都可以成为户后而"代户"。"代户"包括两个层面:取得户主地位和分割户产。

确立户后。在有子男的情况下,户后很容易被确立——嫡长子。此时,爵后和户后为同一人,并且很可能由户主在生前就指定好,上报官府备案。[5]但若户主没有子嗣呢?这将会产生由谁来代户的问题。这个问题在爵位继承中不明显,因为除了因公殉职

[1]《张家山·二年律令》,第58页。
[2]《张家山·二年律令》,第61页。对这则资料学者存在不同的解读,本书以为"爵"是动词,赐爵、袭爵之意。
[3]除了名田宅外,还享有法律上的特权,如以爵减罪、抵罪等。
[4]这说明,爵位是"公器",由国家掌控。
[5]尹在硕看法。

外，若无子嗣则爵位不被任何人继承。但户的情况不同，汉政府努力保持户的延续性，因此制定了严密而广泛的继承顺序，无关户主是否因公殉职。《二年律令》简379~381规定：

> 死毋子男代户，令父若母。毋父母令寡，毋寡令女，毋女令孙，毋孙令耳孙，毋耳孙令大父母，毋大父母令同产子代户。同产子代户，必同居数。弃妻子不得与后妻子争后。[1]

简383规定：

> 死毋后而有奴婢者，免奴婢以为庶人，以庶人律□之其主田宅及余财。奴婢多，代户者毋过一人，先用劳久、有□□子若主所言吏者。[2]

先要澄清一个疑点，代户序列中出现了死者的同产子甚至奴婢，却忽略了同产。王彦辉以为这表明："如果户主属于正常死亡，多数情况下已经步入了中老年，而且很少有弟妹与之同居者……"[3]。这种看法，假设文本本身是完美的，没有任何疏漏或错误，试图为明显不合逻辑之处找出逻辑，但这却显得很牵强。原因有三：首先，完全可以加上一条"与同居数"的规定将"同产"限定于同居者，而不必排斥所有的同产；其次，若同产由于基本上不可能与死者同居数而被排除，则同产子更不可能与死者同居数，更应该被排除；[4] 最后，我们还可以参考"死事者"的爵位继

[1] 《张家山·二年律令》，第60~61页。此规定亦见于胡家草场出土的《置后律》（《胡家草场》，第195页），但文字表述有异。

[2] 《张家山·二年律令》，第61页。

[3] 王彦辉：《张家山汉简〈二年律令〉与汉代社会研究》，第113页。

[4] 试举一假设事例予以说明。假定A有同产B，B有子C，若A与B不同居数，则更不可能与C同居数，因为C与其父B同居数，A不与B同居数则不与C同居数；若C与其父B不同居数，则说明C已经单独立户，则也不可能与A同居数。

承序列：“毋子男以女，毋女以父，毋父以母，毋母以男同产，毋男同产以女同产，毋女同产以妻”[1]（简 369～370），这里就包括了同产而无同产子。显然，同产和死者血缘更亲近，比同产子更有优先权。

所以本书认为，“同产子”应该被理解为同产+（同产）子，类似于简 337“民大父母、父母、子、孙、同产、同产子，欲相分予奴婢……”中的“同产、同产子”。[2] 原简文字可能有所疏漏，或许是古代书手的失误所致。[3] 这样，代户序列应该被理解为：子男、父母、寡、女、孙、祖父母、同产、同产子、奴婢。所谓代户顺序其实也意味着确立户后的顺序，这本是同一事情的两面而已。

户后在代户之后成为新户主，但这并不意味着他可以拥有旧户名下的所有户产。按照法律和习惯，户产都要被分割继承。这又分两种情况：（1）旧户主去世前，按照自己的意愿，以“先令”的形式对财产进行分割（遗嘱继承）；（2）若无“先令”，则遵循中分原则，由诸子均分（法定继承）。

1. 遗嘱继承户产

古代遗嘱继承是个争议话题。王沛曾提出以遗嘱形式来安排财产的继承发轫于战国时期的观点，[4] 但所能举出的最早事例是西汉

[1] 《张家山·二年律令》，第 59 页。

[2] 刘欣宁和落合悠纪也有类似猜测。参见刘欣宁：《由张家山汉简〈二年律令〉论汉初的法律制度》，第 95～96 页；[日] 落合悠纪：《漢“二年律令”における爵と戸の継承−継承予定者についての一考察》。

[3] 这种现象，并非不可想象。秦代就对书手的讹误有所警觉，要求地方官员定期校雠律令。例如，里耶秦简 6-4 记载“令史广雠律令沅陵”；简 8～173 载“廷书曰：令史操律令诣廷雠”。

[4] 参见王沛：《遗嘱继承制度的历史考察——从中西方比较的角度》，华东政法大学 2004 年硕士学位论文，第 27～29 页。

陆贾为五男分千金并立约之事。[1] 陆贾的故事属于轶闻性质，并非形式完备的遗嘱实例。1984 年江苏仪征胥浦 101 号西汉墓出土的《先令券书》使汉代遗嘱首次完整地呈现于我们眼前。全文如下：

> 元始五年九月壬辰朔辛丑，□高都里朱凌，凌庐居新安里，甚疾其死，故请县乡三老、都乡有秩、佐、里师里谭等为先令券书。凌自言有三父，子男女六人皆不同父。欲令子各知其父家次子女：以君、子真、子方、仙君父为朱孙；弟公文父吴衰近君；女弟弱君父曲阿病长实。
>
> 妪言公文年十五去家自出为姓，遂居外，未赏持一钱来归。妪予子真、子方自为产业。子女仙君、弱君等贫毋产业。五年四月十日妪以稻田一处、桑田二处分予弱君。波田一处分予仙君，于至十二月。公文伤人为徒，贫无产业。于至十二月十一日仙君、弱君各归田于妪，让予公文。妪即受田，以田分予公文，稻田二处、桑田二处，田界易如故，公文不得移卖田予他人。时任知者里师、伍人谭等及亲属孔聚、田文、满真，先令券书，明白可以从事。[2]

该券书背景为公元 5 年，释文由陈平和王勤金于 1987 年发表。陈、王二人指出这是首次发现“先令”实物，并据颜师古（公元 581～645 年）“先令者，预为遗令也”一语，认为“先令”就是遗嘱。[3]

---

[1] 该事例参见《史记·陆贾列传》，第 2700～2701 页。

[2] 陈平、王勤金：《仪征胥浦 101 号西汉墓〈先令券书〉初考》，载《文物》1987 年第 1 期。陈、王二人声称，这是当时发现最早的先令券书实物。相关研究，参见陈平：《仪征胥浦〈先令券书〉续考》，载《考古与文物》1992 年第 2 期；李解民：《扬州仪征胥浦简书新考》，载长沙市文物考古研究所编：《长沙三国吴简暨百年来简帛发现与研究国际学术研讨会论文集》，中华书局 2005 年版。

[3] 参见《汉书·景十三王传》颜师古注，第 2422 页。

《先令券书》的发表激发了国际范围内对中国古代遗嘱继承的研究,[1] 但对这份文书的性质也存在不小的争议。魏道明于 2000 年在《历史研究》上发文质疑中国古代存在遗嘱的看法。[2] 魏先生将遗嘱继承定义为个人按自己的意愿处置自己的财产，不受法定继承的约束并优先于后者。据此，魏先生认为胥浦先令不是遗嘱，因为"立遗嘱人"是大哥朱凌，而他并不拥有先令所处置的田产，因为田产属于老妪。

其实魏先生所列出的标准还缺了一个要素，那就是死后执行。所以遗嘱完全的标准应该是：个人按自己的意愿处置自己的财产并于死后执行。按这个标准，我们发现魏先生的质疑有一定的道理。这份胥浦先令里存在两个声音，导致其性质不明。最先发声的是大哥朱凌。他仅仅出现在文本的首段：邀请乡官和有关证人，解释了几个同母异父弟妹的生父为谁，然后就彻底销声匿迹了。而先令真正的核心声音是老妪：她处置了田地的归属，而该先令主要解决的正是田产问题。若以朱凌为立先令者，则财产不由他处置，不合乎遗嘱的定义。若以老妪为立先令者，则该财产分割在老妪生前执行（"妪即受田，以田分予公文"），仍然不能算作遗嘱。

2001 年张家山汉简的出土，为论证遗嘱继承提供了新的资料。《二年律令》简 334~336 规定：

> 民欲先令相分田宅、奴婢、财物，乡部啬夫身听其令，皆叁辨券书之，辄上如户籍。有争者以券书从事；毋券书，毋听。

---

[1] 例如，美国学者魏根深（Endymion Wilkinson）在对西方汉学界颇具影响力的工具书 *Chinese History: A Manual*（Harvard University Asia Center, 2000）中，将此书作为中国最早的遗嘱实例（见该书第 117 页）。另见 Bret Hinsch, "Women, Kinship, and Property as Seen in a Han Dynasty Will," *Tongpao* 84. 1（1998）。

[2] 参见魏道明：《中国古代遗嘱继承制度质疑》，载《历史研究》2000 年第 6 期。

> 所分田宅，不为户，得有之，至八月书户。留难先令、弗为券书，罚金一两。[1]

这则资料使大部分学者相信“先令”就是指遗嘱。例如，李均明认为：“此律表明遗嘱继承之存在。遗嘱继承中，继承人的范围、继承遗产份额的多少，由遗嘱所确定，官方确认后生效，受法律保护。”[2] 然而，曹旅宁接受魏道明的看法，仍然认为汉代没有遗嘱继承。曹先生认为上引律文和生分（父亲健在时分家）有关，并非对遗嘱的规定。[3] 2008 年，曹先生更提出了“以析产分家为核心的财产继承制度”的理论。[4]

曹先生的理论存在一个问题：难道不可以用遗嘱的形式进行析产分家？遗嘱和析产分家并不矛盾。家长以先令对家产的分割进行安排，于死后执行，则这个安排就成为遗嘱。居延汉简有一例：

> ①⧄父病。临之县南乡见啬⧄[5]
> □□□破胡[6]□□□□（简 202.11）
> ②⧄知之。当以父先令、户律从口（简 202.10）
> ③⧄□□□为□□券，书财物一，钱□
> ⧄□□□到。二年三月癸丑□（简 202.15）
> ④□□中辨在破胡□⧄⧄（简 202.22）
> ⑤⧄□属□即

[1] 《张家山·二年律令》，第 54 页。
[2] 李均明：《张家山汉简所见规范继承关系的法律》。
[3] 参见曹旅宁：《秦律新探》，第 313~317 页
[4] 参见曹旅宁：《〈二年律令〉与秦汉继承法》，载《陕西师范大学学报（哲学社会科学版）》2008 年第 1 期。
[5] 根据上下文，“啬”后当有一“夫”字。
[6] “破胡”可能是人名或地名。

□望□□（简 202.20）

⑥☑光适男孙□（简 202.21）

⑦☑□□□子光（简 190.17）[1]

简文残破，具体年代无从可考。但该文书提及某位父亲在病重时，特意去拜见了乡啬夫，并写下券书以安排家产继承。从“中辨在破胡”可知当时制作了上、中、下三辨券。这和律文“民欲先令相分田宅、奴婢、财物，乡部啬夫身听先令，皆叁辨券书之，辄上如户籍”完全吻合。这份“券书”产生的场景使我们确信它就是一份遗嘱。从“知之当以父先令、户律从”，可知遗嘱、户律都具有约束力，并且遗嘱优先于户律。也就是说，遗嘱所没有涉及的地方按照户律来处理，而当户律与遗嘱不一致时，听从遗嘱对财产分割的安排。[2] 至此，先令和遗嘱的关联再无可置疑。[3]

事实上，汉代遗嘱继承有其历史根源，里耶秦简就有两份文档（公元前 215 年《都乡守武爰书》、公元前 212 年《都乡守沈爰书》）很可能是财产继承遗嘱（见附录三）。已知案例表现的遗嘱继承特点是：户主按照自己的意愿决定户产的去向，可以给儿子，也可以给女儿，个人所得份额完全由户主决定（《风俗通义》何武判案，详见后章分析）。所以遗嘱继承是第一位的，可以优先执行，不考虑法定继承的顺序。

---

[1] 参见张伯元：《〈先令券书〉简解析》，载张伯元：《出土法律文献研究》，商务印书馆 2005 年版。张先生对该文书进行了缀合和分析，本书仅改动了一处句读。原简释文，参见《合校》，第 302、314~315 页。从行文上看，居延的遗嘱是被引述的，自身并不是一份独立、完整的遗嘱文书。

[2] 需要说明：秦汉时代的继承分为身份继承和财产继承。与财产继承不同，身份继承要遵从律令的规定，父亲无权决定。参见李均明：《张家山汉简所见规范继承关系的法律》。

[3] 回过头来，我们再分析胥浦先令，它应该也算做遗嘱，虽然不是特别规范，但或许可以这样理解，胥浦先令所处置的田产从法律角度属于朱凌，实际上由其母掌控，所以先令由朱凌发起，而对田产的安排则由老妪吩咐，或许可以算作两人的联合先令。

2. 法定继承户产

在遗嘱缺失的情况下，汉代用法定继承来保证户产的有序分割，其原则是一切动产、不动产，包括家庭产业的盈利都由诸子均分。[1]《二年律令·户律》简312~313是理解不动产分割原则的核心资料：

> 不幸死者，令其后先择田，乃行其余。它子男欲为户，以为其□田予之。其已前为户而毋田宅，田宅不盈，得以盈。宅不比，不得。[2]

这段文字已引起很多研究者的关注，对其解释有不同的路径。理解“盈”字的意思是关键。有学者认为“盈”指继承者按爵位继承相应额度的田宅，余田由国家收回；但笔者以为“盈”与爵位无关，而是指分家继承时，个人按诸子均分原则应得之份额。[3]

这段律文其实涵盖了古代常见的两种分家继承模式：(1) 父亲健在时，诸子不分家，同居共财。只有到父亲死后，诸子才分割家产，由嫡长子承袭旧户，其他兄弟带着财产另立门户（本书称为“一次性分家继承”），“不幸死者……以为其口田予之”就是在规范这种情况。(2) 父亲健在时，成年儿子分异独立，对户产进行一次析分（生分）；父亲去世后，诸子再一次析分剩余户产（本书称为“二次性分家继承”）；“其已前为户而毋田宅……不得”就是在规范这种情况。

---

[1] 关于这一制度的研究，参见邢铁：《我国古代的诸子平均析产问题》，载《中国史研究》1995年第4期；曹旅宁：《〈二年律令〉与秦汉继承法》。邢铁的文章厘清了古代家产均分制的种种情况，而曹旅宁文章提出了“以析产分家为核心的财产继承制度”。

[2] 《张家山·二年律令》，第52页。

[3] 此处仅作简要分析，参见张朝阳：《论汉初名田宅制度的一个问题：按爵位继承旧户田宅?》，载《中国农史》2013年第4期。

证据表明，这两种分家继承模式都遵循诸子均分原则。我们知道秦汉家庭形态以父母加未成年子女的核心家庭为主，同时并存已婚兄弟同居的联合家庭和数世同居的扩展家庭。[1] 但无论哪一种形态的家庭，总有分家继承的一日。“一次性分家继承”适用于后两种形态，而“二次性分家继承”的盛行则造成了核心家庭的主体地位。具体而言，秦汉时代，儿子成年后自立门户比较普遍。在分异时，儿子有资格从旧户分到一定数量的田宅（至少是田）作为生资。《二年律令》简 340 规定：

诸后欲分父母、子、同产、主母、叚（假）母、及主母叚（假）母欲分孽子、叚（假）子田以为户者，皆许之。[2]

可以推想：若出于某种原因，儿子立户之时没有从旧户分走田宅（由于可以按自己爵位从国家申领田宅，不影响立户），[3] 或从旧户中得到的田宅数量不够自己应有的份额，则父亲死后可以从旧户中占满、补足份额。这才是“其已前为户而毋田宅，田宅不盈，得以盈”的真正含义，其针对的正是“二次性分家继承”。

应有份额如何计算？笔者以为这等于旧户名下田宅总数除以兄弟人数。假设 A 户有 20 顷田+20 宅，两个儿子，则 A 死后，户产要被两个儿子均分。若次子早已自立门户并且没有从旧户中带走任何田宅，则此时可以获得 10 顷田+10 宅。若次子自立门户时从旧户中带走了 5 顷田+5 宅，则算法就复杂一些。两兄弟每人应得份额是

[1] 参见许倬云：《汉代家庭的大小》，载李方桂等编《庆祝李济先生七十岁论文集》（下），清华学报社 1967 年版；Lai Mingchun，“Family Morphology in Han China”（Ph. D. diss.，University of Toronto，1995），p. 1~30，220~225。

[2] 《张家山·二年律令》，第 55 页。

[3] 没有田宅应该无法立户，因为一来没地方住，二来没法承担落在户上的赋税，所以即使第一种理解——没有从国家得到田宅也同时暗含了田宅来自父亲旧户的事实。

(20+5)/2=12.5，即每人应得12.5顷田+12.5宅。父亲去世后，次子可以从旧户中得到7.5顷田+7.5宅补足自己应有的份额。这个推测是依据《二年律令》简385的规定："□□□口长（?），次子，畀之其财，与中分。其共为也及息。"[1] 这枚简有些残缺，但关键信息还在。"中分"暗示了均分财产。[2] 从"共为也及息"可知，"中分"还涉及家族一起经营的产业和从中获得的利益。

可能有学者会反驳说，"财"不包括田宅，并且还举出很多用例。例如《二年律令》简174："罪人完城旦舂、鬼薪以上，及坐奸府（腐）者，皆收其妻、子、财、田宅。"[3] 该处之"财"与田宅并列，特指一切动产。但笔者必须提醒大家注意：同样有例可证的是，在与分家、继承有关的语境中，"财"可以泛指一切财产，包括田宅。例如《二年律令》简384："女子为父母后而出嫁者，令夫以其田宅盈其田宅……弃妻，畀之其财。"这里的财显然包括田宅。又如《风俗通义》说："汝南戴幼起，三年服竟，让财与兄，将妻子出客舍中住，官池田以耕种。"戴幼起"让财"的结果是没有了自己的田宅，可见"财"包括田宅。[4] 所以我们相信，简385就是说在继承财产时，兄弟均分一切动产和不同产，甚至包括盈利。这个原则既适用于"一次性分家继承"也适用于"二次性分家继承"。

《续齐谐记·紫荆树》证明了"一次性分家继承"时的诸子均

[1]　《张家山·二年律令》，第61页。

[2]　刘欣宁、曹旅宁、李均明都有这样的认识，只是他们没有关注田宅是否属于"财"的范畴。而闫晓君先生对"中分"有独特的理解。他认为"中分"特指两人对半分割，所以不等于多人"均分"，并认为《二年律令》时代尚无诸子均分之制。参见闫晓君：《汉代继承问题刍议》，载《法律科学（西北政法大学学报）》2012年第2期。笔者不敢苟同闫氏观点，因为即便将"中分"狭义地理解为两人对半分割，这仍属于均分的范畴，仍然支持均分之说。

[3]　《张家山·二年律令》，第32页。

[4]　参见应劭撰，王利器校注：《风俗通义校注》，中华书局1981年版，第199~200页。

分。该故事说：

> 京兆田真兄弟三人，共议分财。生资皆平均，唯堂前一株紫荆树，共议欲破三片。翌日就截之，其树即枯死，状如火然。真往见之，大愕，谓诸弟曰："树本同株，闻将分斫，固憔悴是人不如木也。"因悲不自胜，不复解树。树应声荣茂，兄弟相感，遂和睦如初。[1]

故事情节如果要成立，则兄弟三人的父亲应该已经去世，而他们尚未析户，属于兄弟同居的联合家庭。在决定析户时，三人共议分财。结果是"生资"一律均分，甚至包括一株树。很显然，这里的"生资"包括一切不动产和动产，而均分原则是推动故事发展的力量。[2]

汉初陆贾（约公元前240~前170年）的故事则体现了均分原则在"二次性分家继承"中的运用。《史记》说：

> 孝惠帝时，吕太后用事，欲王诸吕，畏大臣有口者，陆生自度不能争之，乃病免家居。以好畤田地善，可以家焉。有五男，乃出所使越得橐中装卖千金，分其子，子二百金，令为生产。陆生常安车驷马，从歌舞鼓琴瑟侍者十人，宝剑直百金，谓其子曰："与汝约：过汝，汝给吾人马酒食，极欲，十日而更。所死家，得宝剑车骑侍从者。一岁中往来过他客，率不过再三过，数见不鲜，无久慁公为也。"[3]

---

[1] 吴均：《续齐谐记》，载上海古籍出版社编：《汉魏六朝笔记小说大观》，上海古籍出版社1999年版，第1004页。一般认为这个故事中的京兆是长安，时代为西汉成帝时期。

[2] 该故事也见于《太平御览》卷421之引用。该版本说"田业生资平均如一"；《太平御览》，台北，商务印书馆1968年影印本，第2073页。

[3] 《史记·陆贾传》，第2699~2700页。

这个故事发生在孝惠帝时，与《二年律令》所处时代基本一致。陆贾将千金均分给五个儿子“令为生产”。从文中“与汝约”的内容看，“令为生产”意味着每个儿子都用这笔钱购买良田，自立门户，而陆贾由诸子轮流奉养，10 天一更换。这反映了生分时的诸子均分原则。从旧户分异时，诸子本可要求分割一定的田宅，但陆贾以分金的形式替代了分田宅。根据张家山《算数书》的记载，从汉初“金价量 315 钱”[1] 可知每个儿子分到的 200 金价值为 1，008，000 钱（315×16×200），又等于 20 户中户人家的家产，可谓是一笔巨大的财产。[2]

陆贾没有给诸子分割田宅，想必是要留到自己去世后再析分；他有所保留，一方面是对儿子是否孝养自己存有疑虑，另一方面是由于 200 金已经足够诸子置产立业，实在没有必要给予田宅。从故事的逻辑推测，陆贾死后，田宅一定也是被诸子平均分割。所以整个故事体现了“二次性分家继承”的均分原则。[3]

类似的汉代均分事例还有不少。[4] 虽然在分家继承中，也有所谓让财等行为被史书表彰，但这仍然是以均分原则为背景的，否则何来“让”呢？所以从均分的角度观察，我们就发现简 312~313 的“盈”与继承人的爵位没有关系。它是指诸子继承户产时，根据均分原则计算出的个人应有的田宅份额。历史上兄弟争财的纠纷，无外

[1] 《张家山·算数书》，第 138 页。

[2] 《史记·文帝本纪》载：“百金，中人十家之产也。”

[3] 王利华也持有类似的观点，参见王利华：《中国家庭史》，第 233 页。由于闫晓君先生不认为当时存在均分制，怀疑这个故事在当时是特例，参见氏作：《汉代继承问题刍议》。但笔者认为，放到大的历史背景下观察，这在当时绝对不是特例。谢维杨先生曾认为，周代贵族家庭在财产分割上就采用了均分原则。参见谢维扬：《周代家庭形态》，黑龙江人民出版社 2005 年版，第 305~306 页。

[4] 据刘欣宁总结，传世文献中有 5 例汉代中分家产事例，参见刘欣宁：《由张家山汉简〈二年律令〉论汉初的继承制度》，第 146~148 页。

乎就是为了争这个份额。

三、对女性和老人利益的关照

最后需要指出的是，汉代家庭财产法在规范家庭成员、亲属之间的财产关系时，对于妇女和老人的利益表现出了相当程度的关照。[1] 前面的论述已经表明，汉律赋予妇女的地位之高，远超出我们的想象。这集中体现在爵位继承、户产继承、立户、离婚四个方面。

女性继承爵位其实是一个有些争议的话题。《白虎通·爵》曾言："妇人无爵何？阴卑无外事，是以有三从之义。"[2] 这自问自答，似乎说明妇女不可能拥有爵位，不少学者对此深信不疑。但据《二年律令》和相关资料记载，汉代女性继承爵位有五种身份之多：以女儿之身份，以妻子之身份，以母亲之身份，以同产之身份，以祖母之身份。这五种情况集中体现在被继承者因公殉职（死事）[3] 的情况下。汉律规定：

> ［因公殉职者爵位继承］毋子男以女，毋女以父，毋父以母，毋母以男同产，毋男同产以女同产，毋女同产以妻。[4]

这里有"女""母""女同产""妻"共四种身份。又由于，在死者无后的情况下，祖母可成为"后"（诸死事当置后……毋大父以大母与同居数者），而律文又规定，在死者无爵时，其"后"为公士（详见前文分析），则祖母亦至少有资格拥有"公士"的爵位。

除了被继承人因公殉职这种比较特殊的情况外，女子还有常规

［1］ 高凯甚至认为《二年律令》是第一部保护女性权益的成文法，参见高凯：《〈二年律令〉与汉代女性权益保护》，载《光明日报》2002年11月5日"理论周刊"。

［2］《白虎通德论》（卷1），商务印书馆1922年影印本（四部丛刊），第4页。

［3］ 见前文对"死事"的分析。

［4］《张家山·二年律令》简369~370。

途径继承爵位——寡妇在担当户后时可以继承丈夫的爵位。《二年律令》简 386："寡为户后者，比子为后者爵。"这里"爵"做动词，意思为"予爵"。汉文帝时期有一案例似乎说明了上述情况。荆州高台汉墓 M18：35-丙有一木牍记载：

> 新安户人大女燕关内侯寡/大奴甲/大奴乙/大婢妨。家优不算不颛。[1]

从"户人"可知，这涉及寡妇为户主的情况（户人=户主）。那么"关内侯寡"是指什么呢？黄盛璋先生误以为女性不能拥有爵位，所以认为"关内侯寡"强调户主是已故关内侯的寡妇。[2] 但事实上汉代女性有资格拥有爵位，并且"大女燕"既是寡妇又是户主，所以将"关内侯寡"理解为拥有该爵位的寡妇更妥当些。根据《置后律》"关内侯后子为关内侯"（简 367）和"寡为户后，比子为后者爵"（简 386）两条法规，"大女燕"继承了丈夫的关内侯爵位。[3]

类似的现象早在秦代就可以窥测到端倪。里耶秦简 8-1623 记载："南里户人大夫寡茆"[4]，此处的"大夫寡"就是指拥有大夫爵位的寡妇。这可以从里耶秦简一则户籍统计资料中得到验证。简 8-1236，简 8-1791：

> 今见一邑二里：大夫七户，大夫寡二户，大夫子三户，不

[1] 湖北省荆州博物馆编著：《荆州高台秦汉墓》，科学出版社 2000 年版，第 224 页。该考古报考认为，这件木牍是告地书性质，模仿官文书的格式。

[2] 参见黄盛璋：《江陵高台汉墓新出土告地策、遣册与相关制度发复》，载《江汉考古》1994 年第 2 期。刘欣宁也持有同样观点，见氏著：《从张家山汉简〈二年律令〉论汉初的继承制度》，第 158 页。

[3] 关于大女燕身份的详细讨论，参见湖北省荆州博物馆编著：《荆州高台秦汉墓》，科学出版社 2000 年版，第 224~229 页。该墓葬规格较低，和关内侯的身份不匹配，所以"关内侯"可能是溢美、夸大之词，但这种夸大、溢美仍然能反映爵位继承制度。

[4] 陈伟主编：《里耶秦简牍校释》（第 1 卷），武汉大学出版社 2012 年版，第 325 页。

更五户，□□四户，上造十二户，公士二户，从廿六户。[1]

然而这则资料尚未引起诸多学者关注，但其意义重大，为解决寡妇继承爵位问题提供了重要线索。[2] 我们首先关注一个文本问题。《里耶秦简牍校释》根据残存笔画，怀疑“□□四户”所缺的两字是“簪袅”。[3] 这无疑是正确的。引文是对一邑二里户数的统计，按户主爵位分组并根据爵位高低来排序。不更（4 级）之后，上造（2 级）之前，显然应该是“簪袅”（3 级）。《里耶秦简牍校释》还认为“从”指无爵者，[4] 这应该也是正确的。所以这则资料实际上是对 5 级~0 级各户的归类统计。

这里的“大夫寡”指什么？是拥有大夫爵位的寡妇还是某位大夫的寡妇？我们看到“大夫寡”被排列在了第 4 级不更之前，显然地位比不更高。若以为“大夫寡”是大夫的寡妇，那么根据“比子为后者爵”[5] 和“大夫后子为簪袅”[6]（《二年律令》简 368），寡妇户主应该具有簪袅的地位。簪袅低于不更，所以“大夫寡”户应该排列在“不更”户之后。这与实际情况恰恰相反，所以是错误的解读。因此我们确信“大夫寡”就是指拥有大夫爵位的寡妇户主。我们还可进一步推测其已故丈夫的爵位是公大夫，“公大夫后子为大夫”[7]（《二年律令》简 386）。

[1] 陈伟主编：《里耶秦简牍校释》（第 1 卷），第 297 页。

[2] 也为解决所谓“小爵”问题提供了线索。

[3] 参见陈伟主编：《里耶秦简牍校释》（第 1 卷），第 325 页。

[4] 参见陈伟主编：《里耶秦简牍校释》（第 1 卷），第 325 页。

[5] 无论是将此理解为继承爵位还是类比该爵位享有相应的权益，指向并无分别。

[6] 《张家山·二年律令》，第 59 页。学界认为，《置后律》直接来自秦律，所以本书假设它可以用来反推秦代的情况。

[7] 同理，大夫子是指拥有大夫爵位的“子”户。其父亲爵位有两种可能：公大夫或大夫。若父亲“死事”，则其爵位就是大夫，因为死事者“令子男袭其爵”（简 371）。若一般性死亡，则爵位应该为公大夫；“公大夫后子为大夫”（简 368）。

三国吴简更明确地透露出寡妇继承爵位的信息。例如：

曼溲里户人公乘大女黄客年五十算一。(简 8500)

户人公乘大女朱妾年五十二。(简 8517)

小尚（?）里户人公乘大女五西年□□算一。(简 10496)[1]

这三例中的“户人公乘大女”，有两例年纪都在 50 多岁，另一例年龄缺失。由于为人妻者不得为户，显然她们三位都是寡妇。其公乘爵位是如何获得的？由于她们都同时具有户主和寡妇的身份，强烈指向“寡为户后”的情况。这三位女性公乘的丈夫生前应该拥有“卿”爵（大庶长至左庶长），“卿后子为公乘”[2]。(简 367)

女性在户产继承上也一样具有一定的地位，和爵位继承一样，有五种代户的可能：以女儿之身份，以妻子之身份，以母亲之身份，以同产之身份，以祖母之身份。最值得一提的是，女性并不必然依附于男性。虽然“为人妻者不得为户”，但在两种情形下，女子可以自行立户。

首先是寡妇。丈夫死后，若无子男、父母，则寡妇成为户主，这种情形可以视为寡妇立户。若有子男或父母，寡妇仍然可以选择：

［寡］其不当为户后，而欲为户以受杀田宅，许以庶人予田

[1] 以上 3 例，参见长沙市文物考古研究所走马楼简牍整理组等编著：《长沙走马楼三国吴简·竹简·壹》，文物出版社 2003 年版，第 1071、1110 页。

[2] 这里假设《置后律》的细则从汉初到三国吴没有太大变化。女性与爵位的关系，参见刘敏：《秦汉时期的“赐民爵”及“小爵”》与朱绍侯：《〈秦汉时期的“赐民爵”及“小爵”〉读后——兼论汉代爵制与妇女的关系》，均载《史学月刊》2009 年第 11 期。需要指出一点：《史记》《汉书》常记载列侯无后即“国除”。在爵位继承上的无后，一般就是指没有子男，所以这似乎否定了寡妇可继承丈夫爵位的看法。但是否可如此理解：列侯之寡妇继承爵位只限于自身，不能由她们再将爵位传给别人，并且不能享受封邑，所以被视为“国除”？

宅。毋子，其夫；夫毋子，其夫而代为户。夫同产及子有与同居数者，令毋贸卖田宅及入赘。其出为人妻若死，令以次代户。(简 386~387)[1]

按照代户顺序，寡之前是丈夫的父母，再前是子男。寡不代户无外乎子男代户，公公、婆婆代户两种情况。所以这条规定应该是针对寡妇难以与公婆相处，或者代户子男非己出两种情况（不愿意与亲生子共处一户不太可能)。若难以相处则可要求自立，国家还会分给田宅。可谓对其利益，照顾细致。

其次是未婚女为户后而又父母双亡，则显然由该女暂时为户。简 384 透露了这一点，规定："女子为父母后而出嫁者，令夫以妻田宅盈其田宅。宅不比，弗得。"[2] 这里所说的女子显然尚未婚嫁，因为我们可以根据"出嫁"一词排除寡妇和离异两种状态。可能有人质疑说：若是未婚女，为何会关注她是否有"后"？其实前文分析过"后"作为法律概念，涉及范围广泛，不单指儿女；该女性户主的同产或同产子等皆可为其后。[3] 女子继承了田宅又还没有出嫁，那么户主就只能是她了。这并不违反"为人妻者不得为户的规定"。律文表明，这类女性户主出嫁时，如果有后，则将户产转移给后，若无后则带入夫户。但丈夫并不兼并妻子从旧户中继承的田宅和其他财产。在离异或丈夫死后，妻子可以取回旧有田宅、财产恢复旧户。"其弃妻及夫死，妻得复取以为户。弃妻，畀之其财。"这表明了法律对女子财产的尊重和保护。[4]

[1] 《张家山·二年律令》，第 61 页。
[2] 《张家山·二年律令》，第 61 页。
[3] 详见前文对"后"的分析，以及下文对继承顺序的分析。
[4] 汉简中不乏女子为户主的事例。

类似地，法律对老人也颇为关照。前文分析的简 338～339 表明，虽然成年男子需要自己立户，但父母年老丧失劳动能力之后，入子户归养。若儿子死了，孙子代户，孙子必须善待祖父母，否则将会被从户中暂时驱逐出去，由祖父母使用其名下财产。孙子死后若其母亲代立户，她也需照顾老人且不能招赘婿。[1] 除了义务手段外，汉律还有相应的激励机制。“诸当行粟，独与若父母居老如睆老，其父母疲癃者，皆勿行。”（简 408）照顾年老父母的人可以免除“行粟”的徭役。此外，法律还赋予老人（视爵位、年龄）“睆老”“免老”“赐杖”“禀米”四个层次的优待，[2] 其中尤其以“赐杖”最为著名。《傅律》简 355 规定：

大夫以上年七十，不更七十一，簪裊七十二，上造七十三，公士七十四，公卒、士五（伍）七十五，皆受仗（杖）。[3]

杖是一种象征，它的实际作用在于优待老人。这种做法在汉代一直延续了下去。据西汉中期出土的《王杖十简》和《王杖诏令册》可知，王杖持有者享有一系列的待遇：可比照 600 石官吏，他人不得擅自征召、辱骂，可以出入官府、郎第，可使用驰道旁的道路，经商免税等。[4]

---

[1] 如果她不代立户，则没有这个义务。

[2] “睆老”者减半服徭役，“免老”者不服徭役，受杖者享有一系列优待，而“禀米”则是指给高龄老人赐米。相关研究，参见朱红林：《汉代“七十赐杖”制度及相关问题考辨——张家山汉简〈傅律〉初探》，载《东南文化》2006 年第 4 期；刘奉光：《汉简所记敬老制度研究》，载《西南政法大学学报》2003 年第 6 期。

[3] 《张家山·二年律令》，第 57 页。另外，胡家草场出土的汉律亦有同样的规定，参见《胡家草场》，第 195 页。

[4] 参见朱红林：《汉代“七十赐杖”制度及相关问题考辨——张家山汉简〈傅律〉初探》，载《东南文化》2006 年第 4 期。《王杖十简》《王杖诏令》分别于 1959 年、1981 年出土于甘肃武威。

结　论

以上分析表明，汉代“家庭财产法”已经比较系统、详细。它主要用于规范户的创立，户产的分割和继承，以及爵位和户主身份的传承。其突出特点有四：(1) 规定男子成年后可从父户分异，立户时可以按爵位从国家申领相应额度的田宅，其父户去世时，旧户主的爵位和户产都可以传给继承人。(2) 爵位继承人选和顺序视死者是否因公殉职而不同。因公殉职者的爵位可以原封不动地传给所有儿子，在无“子”的情况下，有很广泛的后备继承人；而一般死者的爵位则要降等继承（侯爵除外），并且只能传给诸子，无子则由国家收回。(3) 户产和户主身份的继承不考虑被继承人的死因，而是按统一的规范进行。户主身份一般由嫡长子继承，但户产则不由其独享。旧户主可以遗嘱（先令）安排户产的继承，在遗嘱缺失的情况下，诸子均分所有家产而长子先行择田。(4) 在家庭生活中相对处于弱势的女性和老者的利益也得到一定关照。妇女在一定情况下可继承爵位、财产，也可成为户主，具有相当的自主性；而老人则依法享受子孙的赡养，国家的赐粟、赐王杖，减免赋役等待遇。

第四章

三件汉代案例详考

本书到目前已经基本重构了早期民法，主要包括两大部分：一是对债务和赔偿等经济纠纷的法律解决；二是“家庭财产法”。我们对前一部分的分析，建立在较为广泛的案例调查基础上，结论应该是比较可靠的。但对后一部分的认识，则主要来自出土的《二年律令》的条文。虽然从文字上看，它关照面广泛，平衡各方利益，可以说是比较系统化、比较发达，但资料所处时代为吕后二年（公元前186年），内容又不见于后世文献著录，所以不知道它在汉代存在了多久？是否得到了真正的施行？本章将以两个传世、一个出土案例来回答这些疑问。

第一节 《风俗通义》中的两则故事

应劭（约公元153~196年）撰写的《风俗通义》记载了两件非常有趣的汉代民事案例，可以帮助我们理解汉代“家庭财产法”的运用。案例一：

陈留有富室翁，年九十无子，取田家女为妾，一交接，即气绝；后生得男，其女诬其淫佚有儿，曰：“我父死时年尊，何一夕便有子?”争财数年不能决。丞相邴吉决狱云:“吾闻老翁子不耐寒,又无影,可共试之。”时八月,取同岁小儿,俱解衣裸之,此儿独言寒;复令并行日中,独无影。大小叹息,因以财与儿。[1]

这则案例乍看上去很奇怪,且疑点重重,但是如果我们对照张家山《置后律》《户律》等有关律文,很多问题就豁然而解了。表面上,这是长姐与同父异母(庶出)胞弟之间的家产争端,但深入分析,就发现问题要复杂得多。

由于审理者邴吉的官衔是丞相,而据《汉书·邴吉传》记载,邴吉于汉宣帝元康四年(公元前62年)至五凤三年(公元前55年)担任丞相,因此该故事发生在公元前62年到公元前55年之间。故事初发地点陈留在首都长安东面500余公里处。故事缘起是该地一位90岁富翁老而无子,为了生育一男性继承人而纳田氏为妾。两人刚发生一次性关系,富翁就死于房事。这样,该富翁是否能有一子就成为悬念,但真正的问题却是如何处置家产。我们可以推断由于富翁猝死,故此没有留下遗嘱,但其家属不能马上处置家产,他们要等待田氏生产,看是否能产下一男子。这种谨慎态度是遵循《置后律》的规定。《二年律令》简376规定:“死其寡有遗腹者,须遗腹产,乃以律为置爵户后。”如果田氏生下一男婴,则该子就会成为法定继承人。简367~368规定:

疾死置后者,彻侯后子为彻侯,其毋适(嫡)子,以孺子[子、良人]子……簪裹后子为公士。其毋适(嫡)子,以下

[1] 《风俗通义校注·佚文》,第587页。

妻子、偏妻子。[1]

根据王子今先生的研究，“孺子”“良人”“下妻”“偏妻”等都属于“妾”的范围，所以简379~383规定，如果正妻没有生育儿子，那么妾生子就成为法定继承人。尽管此规定是特指爵位继承的情况，但在家产继承上应该也适用。爵位继承和家产继承的第一顺序（子男）是一致的，并且爵位继承顺序要比户产继承严格很多。如果在爵位继承中，妾生子可以被列在第一顺序中，那么在户产继承中必然也在第一顺序中。

数月后，田氏产下一男婴。这个男婴的诞生虽然实现了已故富翁的遗愿，却遭到其女儿的忌恨，因为这意味着该女将无法继承父亲的财产。因此，该女提出诉讼，质疑该男婴是否为其父亲生子。理由是父亲去世时已经90岁，仅凭一次性关系就使田氏怀孕是不可能的。故此该男婴是田氏与某情夫的私生子，根本无权继承家产。

这个理由似乎很有道理，但汉代没有相应的亲子鉴定技术，无法去证实或证伪这个指控，所以当地官员无法作出准确判断，于是乎，官司拖了数年。根据汉代的奏谳制度，有关地方官员将这个疑难案件层层上报请谳，最终送到了长安，所以最后由丞相邴吉亲自审理。邴吉根据如下原理发明了一个亲子测试：由年老的男子所授精而生婴儿比同龄婴儿怕冷并且在日中无影。通过与同龄男婴在同等条件下的测试比较，邴吉发现该男婴符合上述两点，因此断定他由年迈父亲授精所生。从逻辑上分析，尽管此测验“证实”了被测试婴儿的亲生父亲年纪很大，却无法具体证明这位高龄父亲就是已故的90岁富翁。但这个测试结果足以驳倒女诉讼人的起诉理由：父

[1]《张家山·二年律令》，第59页。

亲年迈而不可能生子。因此，女诉讼人败诉，男婴被认定为合法继承人。

问题是：如果该婴儿没有通过测试，富翁女儿能否成为继承人而继承家产？《二年律令》反映的汉代法定继承顺序如下："死毋子男代户，令父若母。毋父母令寡，毋寡令女……"[1]（简379~383）我们只需要关注这个漫长链条的前端：子男→父→母→寡→女。若没有合法的子男（男婴非亲生），则第一位的候选继承人是父、其次是母。我们已知该富翁死时已90岁，所以可以推断其父母在诉讼发生时也已经去世。这样我们可以把父母继承的可能性排除。那么按顺序，"寡"就成为第一候选继承人。

"寡"到底指什么？仅仅指"寡妻"，还是也包括"寡妾"？研究者倾向于把"寡"狭义地解释为"寡妻"。假定这种解释是正确的，那么如果寡妻（起诉者的生母）健在，她就是合法继承人。可以想见，她去世后，通过新一轮的法定继承或者遗嘱，财产会转移到自己女儿手中。那么该女儿的胜诉就间接地为自己赢得了继承权。

然而，如果老翁正妻先于老翁去世，结果又会怎样？寡妾田氏能否成为第一候选继承人？要想回答这个问题，我们必须先了解妾在汉代的家庭地位。学界基本公认汉代一夫一妻多妾是合法且正常现象，但对"妾"的地位却颇有争议。例如，瞿同祖先生在《中国法律与中国社会》（1947年）中论述，在整个中国古代（显然包括汉代），妾不属于家庭成员，因此不享有任何家庭成员的权利。[2]但陶毅先生在《中国婚姻家庭制度史》（1994年）中反驳说：根据

[1]《张家山·二年律令》，第60~61页。

[2] 参见瞿同祖：《中国法律与中国社会》，中华书局2003年版，第142~148页。

《唐律疏议》，妾在古代享有一定类似于正妻的权益。[1] 陶先生的证据限于唐代，没法证明妾在汉代的家庭地位，所以其观点和本书的讨论无关。但赵裕沛先生在《两汉家庭内部关系及相关问题研究》中论述了汉代妾的地位问题。赵先生提出：丈夫和妾的纽带比较松散，丈夫可以轻易抛弃妾，但妾也可以自由离开丈夫；妾的家庭地位远低于正妻。赵先生的观点有些自相矛盾：如果妾可以自由离开丈夫则证明妾有时享有比正妻还大的自主权，那么一概而论地说妾的家庭地位远低于正妻，就很值得商榷。事实上，有证据表明，在有些情况下，妾在汉代享有类似正妻的家庭地位。《二年律令·贼律》，简 42~43 规定："殴父偏妻父母……若殴妻之父母，皆赎耐。其奊诟詈之，罚金四两。"[2] 根据王子今先生研究，此处"偏妻"就是指与正妻反义的"妾"。[3] 那么这条规定表明，殴打或者辱骂妾的父母将受到和殴打或辱骂正妻父母一样的惩罚。由此可见在这则法规里，"妾"和正妻享有同样地位。

此外，我们仔细研读简 379~383 中的置后顺序，就会发现它涉及的亲属类型非常广泛，从子男一直延伸到家庭奴婢都可以成为继承人，但是"妾"却并没有在置后顺序中单独出现。如果奴婢可以成为继承人，我们很难想象"妾"竟然会被排除在外。更何况，我们知道妾一定程度上享有类似妻子的地位，唯一合理的解释是，"妾"已经被包括在"寡"这个类别里面了。据《置后律》，寡妾在置后顺序中比女儿有优先权，因此在寡妻不存在的情况下，寡妾田氏将成为陈留富翁的继承人。换言之，富翁女儿即使胜诉，证明了

[1] 参见陶毅、明欣：《中国婚姻家庭制度史》，东方出版社 1994 年版，第 291~292 页。
[2] 《张家山·二年律令》，第 14 页。
[3] 参见王子今：《偏妻、下妻考》。

婴儿不是其父亲生子，也将无法继承父亲的遗产。

那么该女为何而诉讼并且旷日持久，这应该另有原因。有两种可能：首先，我们推断其生母，也就是寡妻还健在（由于女性比男性平均寿命长，并且妻子年龄一般小于丈夫，这种推断有科学依据）。该女是为其母亲的继承权而诉讼，如果胜诉，该女通过其母可以间接地继承其父庞大的家产。由女儿出面，想必是寡妻年龄太大，行动不便。其次，该女还可能采用了迂回策略。若证明婴儿不是其父亲亲生，则必然是妾和他人通奸所生。《奏谳书》简182规定："奸者，耐为隶臣妾。"[1] 隶臣妾就是官奴婢或刑徒，显然也就失去了继承资格。[2] 这样我们就明白了，该女儿心存非常复杂的法律算计，只可惜遇到邴吉这样睿智的法官而失算了。

接下来，我们来分析案例二。故事如下：

> 沛郡有富家公，资二千余万，小妇子年裁数岁，顷失其母，又无亲近，其大妇女甚不贤；公病困，思念恶婿争其财，儿判不全，因呼族人为遗令云："悉以财属女，但遗一剑与儿，年十五，以还付之。"其后儿大，姊不肯与剑，男乃诣郡自言求剑。谨案：时太守大司空何武也，得其辞，因录女及婿，省其手书，顾谓掾史曰："女性强梁，婿复贪鄙，其父畏贼害其儿，又计小儿正得此财，不能全护，故且俾与女，内实寄之耳，不当以剑与之乎？夫剑者，亦所以决断也；限年十五者，度其子智力足以自活，此女婿必不复还其剑，当闻县

[1] 《张家山·二年律令》，第108页。

[2] 对隶臣妾的详细研究，参见李力：《"隶臣妾"身份再研究》，中国法制出版社2007年版。该书搜罗广泛，汇集了历年的研究成果。根据该书，对于隶臣妾存在的下限存在魏晋说、东汉说、汉武帝—西汉末三种说法（第298~303页）。本案例发生于西汉宣帝时，隶臣妾这一身份仍然存在。

官，县官或能证察，得以见伸展也。凡庸何能思虑强远如是哉！”悉夺取财以与子曰：“弊女恶婿温饱十五岁，亦以幸矣。”于是论者乃服，谓武原情度事得其理。[1]

故事中担当法官这一角色的是何武，官衔是沛郡（大体相当今日江苏徐州）太守。据《汉书·何武传》记载，何武仅在汉成帝绥和元年（公元前8年）之前几年任沛郡太守，则故事当发生于公元前8年之前。与上一则故事中父亲死时没有留下遗嘱不同，这则故事围绕着一位父亲的遗嘱展开：立遗嘱的背景、遗嘱人的真正意愿、因遗嘱而生的法律争端、法官的判决。故事中的富翁有一小妇（妾）所生的幼子和一正妻所生的大女。根据法定继承原则，大女儿只有在幼子死后才有可能继承父亲的财产。而该幼子不但年龄太小无法保护自己的财产，并且连可信赖的监护人也没有了，因为他的生母已经去世。

老父亲担心贪婪的女儿为了家财而谋害幼子，于是请来见证人，立下遗嘱。这基本符合汉代法律规定。简334~335规定：“民欲先令相分田宅、奴婢、财物，乡部啬夫身听其令。皆三辨券书之，辄上如户籍。”[2] 从这里可知，遗嘱一式三份并且要像户籍一样报送政府有关部门。也就是简328所说：“恒以八月令乡啬夫、吏、令史相杂案户籍，副藏其廷。”[3] 我们推断：一份遗嘱由亲属保留，一份送到乡里，一份送到县廷。故事中仅提到族人，而没有提及县、乡官吏，应该是有所疏漏。

了解了遗嘱的去向，我们现在回到案例二故事本身。遗嘱说：

[1]《风俗通义校注·佚文》，第588页。
[2]《张家山·二年律令》，第54页。
[3]《张家山·二年律令》，第54页。

除了一把宝剑外，所有财产都归女儿，女儿应当在15年后把宝剑送给儿子。女儿按照遗嘱继承了所有财产，但遗嘱却暗藏一个迷局：该父亲的本意是让儿子继承财产，但担心儿子年幼无法保护财产，所以让女儿代管15年直到儿子长大成人。破解这个谜的关键是遗嘱中的宝剑。“剑”隐喻断绝。就是说，15年后，财产将要和女儿断绝关系而转归儿子。富翁儿子15年后长大成人，按父亲遗嘱向其长姐索要宝剑，却遭到拒绝，于是到郡府上诉。

故事原文中“自言”一词实际上是汉代法律术语，在法律文献中屡见不鲜。例如：

永始五年闰月己巳朔丙子，北乡啬夫忠敢言之。义成里崔自当自言为家私市居延。(简15.19)

官移居延书曰：万岁里张子君自言责临之燧长……（简132.36)

自言故为居延高亭亭长，三年十二月中送诏狱……（简178.30)

以上三例皆出自居延汉简。[1] 三例中的“自言”皆指提出上诉的法律行为，可以和故事中“自言”的用法相互佐证。据徐世虹研究，“自言”很可能主要与债务、田财等诉讼有关，以区别于刑事诉讼常用的“告”。[2] 此外，原文中“得其辞”的“辞”也有特定含义，是指“证词”。例如居延汉简：

劾状辞曰：公乘日勒益寿里，年卅岁，姓孙氏，乃元康三年七月戊午以功次迁为☑要虏燧长过常致，受为报，毋留，如

[1] 参见《合校》，第24、220、285页。
[2] 参见徐世虹：《汉代社会中的非刑法法律机制》，第327页。

律令。（简 20.6）

劾状辞曰：公乘居延临仁里，年卅一岁，姓毋。（简 45.12）[1]

然而故事进行到“自言”处，出现了一个突兀的地方。按照一般程序，财产纠纷应首先由乡啬夫审理，其次是县廷，最后才是郡府。这里却直接上达郡守，至少跳越了两级程序。或许因为诉讼人来自富裕家庭，有很广泛的社会网络，所以有特权越级提出诉讼。无论是什么原因造成这个越级，接下来的细节却又非常合乎一般程序：郡守何武接到诉讼后首先核对已故富翁的遗嘱文书。这个做法的法律依据如下，《户律》简 335 规定：“有争者，以券书从事，毋券书，毋听。”[2]

据此可知，有关遗嘱继承的纷争，首先要有遗嘱文书作为证据。如果没有遗嘱文书，则故事中何武根本不会受理此案。接下来，何武通过审读遗嘱揭开了死者 15 年前布下的迷局，于是命令女儿将所有财产归还给儿子。当何武向“论者”（参审人员）讲解了原因后，众人一致认为何武“原情度事得其理”。众人对“理”的强调可以和陈实（公元 104～187 年）对民事诉讼的理解相对照。据《后汉书》记载，陈实为太丘长时，有官吏认为听讼很麻烦，建议陈实禁止诉讼。陈实回答说：“讼以求直，禁之理将何申？其勿有所拘。”[3] 陈实对“理”的强调和案例二中对“理”的表述几乎一致。

虽然学界对此故事的解读存在严重分歧，但笔者认为这个案件

---

[1] 参见《合校》，第 33、78 页。

[2] 《张家山·二年律令》，第 54 页。

[3] 《后汉书·陈实列传》，第 2006 页。

是汉代遗嘱继承生动的例证。前面曾提到过的魏道明认为，何武命令女儿将财产归还给儿子，证明儿子的法定继承权不可被剥夺，父亲的意愿不能违背法定顺序，所以该案例表明不存在遗嘱继承。[1]但魏道明很可能误读了案例。事实上，女儿曾经的确依照遗嘱得到过财产。更重要的是，何武命令女儿将财产交给儿子时，依据的理由不是法定继承顺序，而是父亲的遗嘱。何武并没有推翻遗嘱，他只是对遗嘱进行了解释，找出了其“真正”含义。这凸显出遗嘱比法定顺序更具权威性，否则何武又何必煞费苦心去“解读”遗嘱呢？所以从整个过程中，我们看到女儿得到财产是因为父亲的遗嘱，失去财产也是因为父亲的遗嘱。无疑，遗嘱是决定财产分割的首要因素。

我们不难发现案例二和案例一有两个共同特点：都是妾生幼子和正妻大女之间的财产纷争；都发生于富裕家庭。这种现象很好理解，因为只有富人才有条件去纳妾，而且遗产丰厚，这就更容易引发各种家庭财产纷争。从对这两例的分析中，我们可以得出一个结论：汉代家庭财产法可以和《风俗通义》中的案例互相印证，既验证了有关法规在汉代社会的具体实施，也说明了《风俗通义》故事具有很高的史料价值。

但还有一个问题：这两则案例是真实发生过的还是虚构性的？一方面，两则故事中都有一定令人难以置信的成分。例如，案例一中的男婴在日下行走无影，违背了基本科学常识；案例二中的“父亲”如此深谋远虑，竟能预见身后 15 年的事情，实在不可思议。另一方面，两则故事的展开甚至诸多关键细节又基本上符合汉代法律

[1] 魏道明：《中国古代遗嘱继承质疑》。

规范。或许真相是在真实和虚构之间。但即使它们是虚构的，也基本上是按照汉代法律规定和程序来虚构的，因此可以用来探讨汉代司法实践。我们不要忘记，《风俗通义》作者应劭是汉代大法学家，曾经修订过汉律——“又删定律令为汉仪”[1]。这种背景使得他讲述的法律故事颇为可信。

第二节　长沙东牌楼所出土东汉田地争讼

退一步讲，如果因为《风俗通义》故事有些虚构成分而心存疑虑，那么我们还有一件实际发生的诉讼记录来验证汉代的“家庭财产法”之施行。由于该记录有明确纪年，它还可以帮我们推测有关法规执行的时间。具体而言，2005年长沙东牌楼出土了一件《光和六年监临湘李永、例督盗贼殷何上言李建与精张诤田自相和从书》。它记载了光和六年（公元183年）的一件案例，“是我国目前为止所发现的最早的有关无男嗣之家出嫁女的财产继承文书”。[2] 录文如下：

> 光和六年九月己酉朔十日戊午，监临湘李永、例督盗贼殷何叩头死罪敢言之。中部督邮掾治所檄曰：民大男李建自言大

[1] 参见《后汉书·应劭列传》，第1612页；Micheal Nylan，“Ying Shao's *Feng su t'ung yi*”(Ph. D. diss.，Princeton University，1982)，p. 52。

[2] 贾丽英：《从长沙东牌楼简牍看汉代出嫁女的财产继承》，载《光明日报》2007年7月13日，史学版。释文参见王素：《长沙东牌楼东汉简牍选释》；长沙市文物考古研究所、中国文物研究所编：《长沙东牌楼东汉简牍》，文物出版社2006年版，第10~11页。邬文玲：《长沙东牌楼东汉简牍〈光和六年自相和从书〉研究》，载《南都学坛》2010年第3期；Miranda Brown，“Adoption in Han China,” *Journal of the Economic and Social History of the Orient* 52（2009）。

男精张、精昔等。母姃有田十三石，前置三岁，田税禾当为百二下石。持丧葬皇宗事以，张、昔今强夺田八石；比晓，张、昔不还田。民自言，辞如牒。张、昔何缘强夺建田？檄到，监部吏役摄张、昔，实核田所，畀付弹处罪法，明附证验，正处言。何叩头死罪死罪。奉桉檄辄径到仇重亭部，考问张、昔，讯建父升辞，皆曰：升罗，张、昔县民。前不处年中，升婢（?）取张同产兄宗女姃为妻，产女替，替弟建，建弟颜，颜女弟条。昔则张弟男。宗病物故，丧尸在堂。后姃复物故。宗无男，有余财，田八石种。替、建皆尚幼小。张、升、昔供丧葬宗讫，升还罗，张、昔自垦食宗田。首核张为宗弟，建为姃敌（嫡）男，张、建自俱为口分田。以上广二石种与张，下六石悉畀还建。张、昔今年所畀建田六石，当分税张、建、昔等。自相和从，无复证调，尽力实核。辞有后情，续解复言。何诚惶诚恐，叩头死罪敢言之。监临湘李永、例督盗贼殷何言实核大男李建与精张诤田自相和从书诣在所九月其廿六日若。

这是针对一桩陈年遗产纠纷而达成的谅解书。三位当事人——李建、精张、精昔都被称为“大男”，可见都是一般平民。这个纠纷要从起诉者李建的母亲精姃说起。精姃是父亲精宗的继承人（精宗没有儿子）。精宗去世后，8 石田地由精姃继承。[1] 但精姃很快也去世了。她的女儿和儿子此时还小，所以她的两位叔叔借机霸占了田地。精姃的儿子李建成年后，向官府起诉，要求追回遗产。最终这件官司达成了和解：李建索回 6 石田地，剩下 2 石被精张、精昔

[1] “石”不好理解，叶玉英认为东汉临湘县用一石种子所能播撒的面积来计量土地，参见叶玉英：《东汉简牍〈从和书〉所见东汉若干制度探索》，载《厦门大学学报（哲学社会科学版）》2009 年第 6 期。

平分。

细心的读者应该会注意到一个奇怪的现象：在整个事件中，精姃的丈夫李升一直没有发出任何声音。妻子的田地被叔叔侵夺时，他没有出面争讼；儿子李建出面争讼时，也不见李升扮演什么角色；官方文书将案件定名为“李建与精张诤田”，从根本上就排除了李升。这有些令人困惑，甚至引发了李升为“赘婿”，受到身份歧视的猜测。[1] 但既然李建随父姓，则李升不可能为赘婿。[2] 所以他没有发言权并非身份歧视所致。那又是为什么呢？汉代家庭财产法给了我们解释。《二年律令》简 384 规定：

> 女子为户，毋后而出嫁者，令夫以妻田宅盈其田宅。宅不比，弗得。其弃妻，及夫死，妻得复取以为户。弃妻，畀之其财。[3]

这则资料前面已经分析过，它规定女子继承了父母田宅然后出嫁时，田宅如何处置：田宅传给“后”，无“后”才带入夫家，但离异或丈夫死后可重新取回。这个规定说明，女子对继承而来的财产拥有绝对的“名分”[4]，婚姻也不能改变这一事实。只是由于“为人妻者不得为户”，在婚姻生活中，财产由丈夫代管而已。虽然案例中的情况与简 384 略有区别，但精姃在继承父亲田宅时已经处于婚姻状态。我们从已知律文中找不到针对这种情况的规定，[5] 但即使没有相关规定，也可类比简 384 反映的原则：财产由丈夫代管，而财产的“名分”仍然属于精姃。精姃死后，按法定继承顺

[1] 曹旅宁认为李升是赘婿，而赘婿无继承权，参见曹旅宁：《〈二年律令〉与秦汉继承法》。
[2] 此点经叶玉英的文章指明。
[3] 《张家山·二年律令》，第 61 页。
[4] 参见本书第五章对“名分”的分析。
[5] 这可能是资料散佚所致，汉代应该有针对这种情况的规定。

序，儿子李建是第一继承人。所以从“名分”的角度分析，李升是局外人。同样是局外人的还有精妊的女儿。她没有和弟弟李建一起出面起诉，也没有分到任何遗产。这是因为按继承顺序，她排在胞弟李建之后，所以无权继承田宅。

这个案例证明了汉代家庭财产法一直被执行到了东汉末期。联想到此时（公元183年）正值黄巾起义（公元184年）前夜，“苍天已死，黄天当立”，东汉的统治已经摇摇欲坠。然而在当时较为偏远的长沙郡临湘县，汉代民法仍然在常规运作，其系统的稳定性、成熟性可略见一斑了。[1]

结 论

以上分析的三个案例，分别来自传世和出土文献，时代为公元前62~前55年、公元前8年之前、公元183年，涉及中央（丞相邴吉）、郡（太守何武）、县（临湘县）三级机构。它们都属于遗产纠纷，分别反映了遗腹子、遗嘱以及出嫁女的财产继承问题。案件审理细节都吻合汉代“家庭财产法”的有关规定。将这三个案例贯串起来，我们就发现“家庭财产法”自汉初公布后，就一直在贯彻执行，并且普遍适用于各地。可能法规的细则在不同历史时期会有调整和变化，但主体上比较稳定。

[1] 这个案例也反映出了时代的变化给民法带来的影响。例如，当事人李建向“中部督邮掾”提出诉讼，这个官职是西汉中期才设立的，代表郡监督县，《二年律令》时代尚无此职。

第五章

三个核心概念：名分、直、民—私

本章将透视早期民法所蕴含的概念、思想。我们发现，早期民法是围绕三个核心概念——名分、直、民—私而运行。这三个概念互相关联和呼应，构成中国早期民法的编码基础，反映了其内在逻辑和品性。具体分析如下。

第一节 “名分”

“名分”在中国传统文化中具有非常重要的地位，古今学者对它的阐释可谓浩繁。总体而言，“名分”通常被理解为社会角色所应遵守的行为规范，并且常常被归为儒家传统。例如，北宋司马光在《资治通鉴·周纪》中说：

> 臣闻天子之职莫大于礼。礼莫大于分，分莫大于名。何谓礼？纪纲是也。何谓分？君臣是也。何谓名？公侯卿大夫是也。[1]

当代学者基本上自觉或不自觉地沿着这个方向诠释“名分”。丁小丽提出孔子的“正名”是名分思想之根，孟子和荀子发扬了孔子

[1] （北宋）司马光：《资治通鉴·周纪》，中华书局2011年版，第1页。

的观念，加入了社会伦理，从而产生了“名分”思想。[1] 陈继红则提出先秦时期的“名分”有两个维度：一个是名，即对个体身份的确认；另一个是“分”，即对与身份相对应的权利与义务的确认。这些学者对“名分”的讨论都是从伦理的角度展开的，把它理解为权利和义务的统一。

早期民法也讲究“名分”，但与伦理意义上的“名分”不同，民法上的“名分”指以正确的名义占有一份利益。在这种用法中见不到“义务”“行为规范”的影子。[2] 该用法在文献中最早见于《商君书·定分》：

> 一兔走，百人逐之，非以兔可分以为百，由名分之未定也。夫卖兔者满市，而盗不敢取，由名分已定也。故名分未定，尧、舜、禹、汤且皆如物而逐之；名分已定，贫盗不取。[3]

类似的故事还出现在《尹文子》（约公元前3世纪成书）、《吕氏春秋》（公元前239年成书）、《说苑》（约公元前20年成书）、《后汉书》（公元445年成书）中。譬如：

> 雉兔在野，众人逐之，分未定也；鸡豕满市，莫有志者，分定故也。（《尹文子》）[4]

---

[1] 参见丁小丽：《孔孟荀“名分”思想研究》，北京师范大学2002年博士学位论文，第112~113页。

[2] 张岱年先生曾认为，虽然中国古代哲学中没有“权利”和“义务”这两个概念，但有表示两者的统一的概念：“分”。张先生主要利用了《礼记》中“男有分，女有归”等资料作为证据，同时张先生似乎认为“分”和“名分”同义。参见张岱年：《中国古典哲学概念范畴要论》，载张岱年：《张岱年全集》（第4册），河北人民出版社1996年版。笔者以为，名分和分有细微差异，并且不能一概而论地比附权利、义务本身或者权利、义务的统一。

[3] 《商君书锥指》，蒋礼鸿注，中华书局1986年版，第145页。

[4] 王恺銮校正：《尹文子校正》，商务印书馆1935年版，第11~12页；《吕氏春秋·慎势》，第212页；（汉）刘向撰：《说苑校正·建本》，中华书局1987年版，第74页；《后汉书·袁绍列传》，第2383页。

今一兔走，百人逐之，非一兔足为百人分也，由分未定。由分未定，尧且屈力，而况众人乎！积兔满市，行者不顾，非不欲兔也，分已定矣。分已定，人虽鄙，不争。（《吕氏春秋》）

夫一兔走于街，万人追之；一人得之，万人不复走。分未定，则一兔走，使万人扰；分已定，则虽贪夫知止。（《说苑》）

世称万人逐兔，一人获之，贪者悉止，分定故也。（《后汉书》）

以上五则故事容易令人想起古罗马《法学总论》中的一段话：

野兽鸟鱼，即生长在陆上、海里和空中的一切动物，一旦被人捕获，根据万民法，即属于捕获者，因为自然理性要求以无主之物，归属最先占有者。[1]

这段话是讲取得无主物所有权的方式，罗马法称为“先占原则”。由于“名分”故事反映出的做法和《法学总论》类似，所以有学者用“私人所有权”来解释“名分”。[2] 这种做法忽略了两者的重要差异：《法学总论》把所有权的正当性归因于“自然理性”，也就是用超验的“自然”权威来正当化“先占”行为；而中国古代的“名分”则不需要用“自然”的权威来支持。所以要真正理解“名分”，我们就不能满足于格义附会。我们需要认真分析“名分”故事的细节，将其放置到战国—秦汉的历史语境中进行解读。

根据关键词，可以把以上五则逐兔故事细分为两组：《商君书》讲“名分”，而其他故事都只讲“分”。“名分”和“分”的区别既是全称和简称之别，也是由于两个概念有细微差异。下面先分析四

---

[1] [古罗马] 查士丁尼：《法学总论》，张企泰译，商务印书馆 1989 年版，第 50 页。
[2] 参见张晋藩主编：《中国民法通史》，第 108 页。

则关于“分”的故事。

一、“分”的故事

根据叙事结构，这四则故事可细分为两组：(1)《尹文子》《吕氏春秋》；(2)《说苑》《后汉书》。前一组的叙事结构是：众人追逐无主兔子的混乱与市场上出售兔子的井然有序。这可简化为：混乱与秩序。故事中的兔子都是无主的，在野地自由奔跑，一群人纷纷试图抓获之。《尹文子》没告诉我们谁最终拥有了兔子，《吕氏春秋》则说一只兔子不能被百人共享。总之，无主野兔引发一片混乱。作为对比，市场上出售的鸡、猪、兔子都是有主的（“分”已定）。市场法则决定了其他人要想得到这些动物，必须出钱购买或者以物易物，[1] 所以非常有秩序。这两则故事强调当“分”未定时，物品的所属不定，但“分”定之物有归属，这种归属受到保护。

后一组（《说苑》《后汉书》）的叙事结构是：众人追逐与一人抓获，可简化为众人与一人。这强调了“分”的排他性、“唯一”性。故事中，众人疯狂地奔跑，追逐一只野兔，但随着一人抓住兔子，这种混乱戛然而止。这生动地展示了捷足先登的第一人对所捕获物的独享特权。只有一人可以享有这只兔子，即第一个抓住它的人，其他人再接近成功最终也是失败，没有一点儿“分”。[2] 有趣的是，《风俗通义》有一则故事，综合了以上四则故事的主题，生动地表现了“分”的排他性、“唯一”性，以及法律对“分”的保护。录文如下：

---

[1] 我们需要关注一个细节：《尹文子》故事中无主物很多，但《吕氏春秋》故事中只有一只兔子，这说明数量多少无关紧要，关键是“分”定与未定。高诱说：“未定者，人欲望之。”参见《吕氏春秋·慎势》，第 212 页。

[2] 这接近于罗马法的“先占原则”。

> 临淮有一人，持一匹缣到市卖之，道遇雨而披戴，后人求共庇荫，因与一头之地；雨霁，当别，因共争斗，各云："我缣。"诣府自言。太守丞相薛宣[1]劾实，两人莫肯首服，宣曰："缣直数百钱耳，何足纷纷，自致县。"呼骑吏中断缣，各与半；使追听之。后人曰："受恩。"前撮之。缣主称冤不已。宣曰："然，固知当尔也。"因结责之，具服，俾悉还本主。[2]

首先，要注意到这个故事有些许令人困惑之处。这种小的民事纠纷不太可能直接惊动太守这种高官来审理，按汉代常例，应该先由乡一级机构解决，然后才是县、郡。但和我们前面分析的几则《风俗通义》中的故事一样，这个故事整体叙事吻合汉代民事诉讼的一般程序。故事围绕着一匹缣的归属而展开。这匹缣显然是有主的，但是由于意外，正主的"分"受到了恶意挑战。事发地点非常重要：在去市场的路上，尚未到达。若已经到达市场，则这种争夺不可能发生，因为会有证人证明谁是缣的真正主人，并且有两条法规可以明确物主的"分"：商贾需要向市场官员申报自己的货物，并且交易时需要券书为凭。根据张继海最近的研究，这套市场制度最晚在西汉时就有了。[3]《史记》：

> 诸贾人末作贳贷卖买，居邑稽诸物，及商以取利者，虽无市籍，各以其物自占。[4]

郭璞（公元276~324年）注释说：

[1] 故事中的"太守丞相薛宣"应该是指薛宣生平最高职务是丞相，在审理案件时任太守。

[2] 《风俗通义校注·佚文》，第589页。

[3] 参见张继海：《汉代城市社会》，社会科学文献出版社2006年版，第220~263页。

[4] 《史记·平准书》，第1430页。关于商贾的含义，参见曾维华：《释〈史记·货殖列传〉中的"倚市门"》，载《学术月刊》2000年第5期。

占，自隐度也。谓各自隐度其财物多少，为文簿送之官也。若不尽，皆没入于官。[1]

可以想象，商贾在到达市场之前就将自己要出售的货品登记在册了。到了市场后，将册子交给管理市场的官员，官员按册清点看是否有漏报。这一方面便利了国家向商贾征税；另一方面也是对商贾所售商品“分”的官方认可和备案。当商人之间或商人和客户之间出现争执，这种备案就会成为处理纠纷的凭据。此外，在交易时，买卖双方需要使用券书做记录，如果买卖双方有争议，可以以券书记载为证。郑玄说：“市买为券书以别之，各得其一，讼则案券以正之。”[2] 所以在市场上，物主对物品的“分”由两种文档明确标识，不会出现归属不明现象。这也就是所谓的“积兔满市，行者不顾，非不欲兔也，分已定矣。分已定，人虽鄙，不争”。

其次，缣主人是在去市场的路上遇到雨，停下来避雨，好心允许一位陌生人一起用缣挡雨。这时，缣主人还没有向官员申报自己的物品，没有在官方备案，所以即便他已经准备好了申报的册子，也仍然没有证据证明这匹缣是自己“分”内之物。下雨天，路上行人匆匆，估计也没有什么人证。心生邪念的陌生人，利用这个空子，狡称缣属于自己，正好他手里也抓了一半的缣。这情形真是真假难辨，无法证明谁是真正的主人，于是双方来到了官府争讼。

本来，在两造提不出证据的情况下，官员可以不受理争讼，如《二年律令》规定：“有争者，以券书从事，无券书，不听。”[3] 但

[1] 《史记·平准书》，第1430页，注6。

[2] 程树德：《汉律考》，载程树德：《九朝律考》，第122页。

[3] 律文的上下文表明，虽然这个无证据则不受理的原则是针对“先令”，但显然也可用于一般性的争讼。

“法官”薛宣受理了这件没有证据可资判断的争讼，这就意味着他下定决心要查明真相。这是因为，缣的价值虽低，但涉及“分”的问题，而“分”则是排他的、唯一的，不能被他人随意侵犯。一开始，薛宣的做法似乎很不负责，很和事佬。他让双方对分了争执中的缣。这判决显然是有问题的：两造中只有一方是正主，对分了缣就意味着对正主“分”的侵犯，同时也使另一方侵占他人之“分”合法化了。但故事的发展表明，薛宣这样做是假意试探而已。他派人尾随偷听，得了便宜的一方得意忘形，大说赚了，于是真相大白。真相大白后，正主的“分”得到了完整的保护。狡猾又贪婪的陌生人应该明白，“分”是排他的、唯一的，不能被随意侵犯，薛宣又怎会让他染指他人分内之物？[1]

二、“名分”故事

我们现在来分析《商君书》中的“名分”故事。一望而知，无论是在叙事结构还是细节上，《商君书》的故事都非常接近《尹文子》和《吕氏春秋》。三篇故事都强烈对比追逐野兔的混乱场景和市场上出售动物的井然有序。但有一个细微的区别之处：《商君书》比后两者多了一个“名”，这就使得它不仅是关于“分”。在《商君书》中，“名”非常重要。

> 今法令不明，其名不定，天下之人得议之，其议人异而无定。人主为法于上，下民议之于下，是法令不定，以下为上也。

[1] 当然，对“分”的保护并不局限于财产，也可见于社会道德、伦理、政治等场域。以私欲侵犯他人地位、权力等也存在“分”的问题。《尹文子》总结说：“私不行，非无欲，由分明，故无所措其欲。”但这种“分”就和民法中的“分”略有不同了，不是本书所关注的对象。

此所谓名分之不定也。夫名分不定，尧舜犹将皆折而奸之，而况众人乎？[1]

“其名不定”颇令人费解。这是指什么呢？“名”和“名分”是什么关系？《境内篇》提供了一些线索，“四境之内，丈夫女子皆有名于上，生者著，死者削”[2]。一般将这个“名”理解为“名姓”，固然可以讲通，但韦昭在解《国语·周语下》“勤百姓以为己名”时说到：“名，功也。”[3] 我们还发现，《国语》这段引文与《商君书》的语言本身很相似，都是讲居上位者与百姓的关系，连接点都是“名”。所以“名”除了姓名之外，还含有一层“功”的意思。这样，我们就理解为何《境内篇》在说了“有名于上”之后，通篇都在讲爵制：“其有爵者乞无爵者以为庶子……爵自一级以下至小大夫。”商鞅爵制度的核心是立军功，爵是功的表现。在这个语境中，“有名于上”实际上是讲国君掌握百姓的功和名姓——功名。

出土的秦户籍简印证了“名”包含名姓和功两层含义。秦户籍登记家庭成员，重点记录姓名和爵位。[4] 例如：

简 K30/45：

第一栏：南阳户人不更彭奄

　　　　弟不更说

第二栏：母曰错妾曰□

第三栏：子小上造状

K27：

第一栏：南阳户人荆不更蛮强

[1] 《商君书锥指·定分》，第 145 页。

[2] 《商君书锥指·定分》，第 145 页。

[3] 徐元浩：《国语·周语下》，第 133 页。

[4] 湖南省文物考古研究所：《里耶发掘报告》，第 203、205 页。

第二栏：妻曰嗛

第三栏：子小上造□

第四栏：子小女子驼

第五栏：臣曰聚

K30/45“不更彭奄”“不更说”，K27“荆不更蛮强”“小上造口”等岂非所谓的“有名于上，生者著，死者削”吗？

理解了“名”就容易理解“名分”了。结合前文对“分”的分析，名分中的“分”就是归在“名”下、受保护的应有之利。所以“名分”直观地讲，就是指以“名”（功+名姓）占有相应的“分”。具体到《商君书》的语境中，“名分”就是指“明尊卑爵秩等级，各以察次名田宅”[1]。从这个角度观察，汉初的名田宅制度就是“名分”思想的具体体现。

张家山《二年律令·户律》规定按爵位等级占有田和宅。首先是田[2]：

关内侯九十五顷，大庶长九十顷，驷车庶长八十八顷，大上造八十六顷，少上造八十四顷，右更八十二顷，中更八十顷，左更七十八顷，右庶长七十六顷，左庶长七十四顷，五大夫廿五顷，公乘廿顷，公大夫九顷，官大夫七顷，大夫五顷，不更四顷，簪袅三顷，上造二顷，公士一顷半顷，公卒、士五（伍）、庶人各一顷，司寇、隐官各五十亩。

其次是宅，规定：

---

[1]《史记·商鞅列传》，第2230页。

[2] 参见《张家山·二年律令》，第52页。此外，胡家草场出土的汉律也有一样的规定。参见《胡家草场》，第194页。

彻侯受百五宅，关内侯九十五宅，大庶长九十宅，驷车庶长八十八宅，大上造八十六宅，少上造八十四宅，右更八十二宅，中更八十宅，左更七十八宅，右庶长七十六宅，左庶长七十四宅，五大夫廿五宅，公乘廿宅，公大夫九宅，官大夫七宅，大夫五宅，不更四宅，簪袅三宅，上造二宅，公士一宅半宅，公卒、士五（伍）、庶人一宅，司寇、隐官半宅。

这些规定如图 5-1 所示[1]。

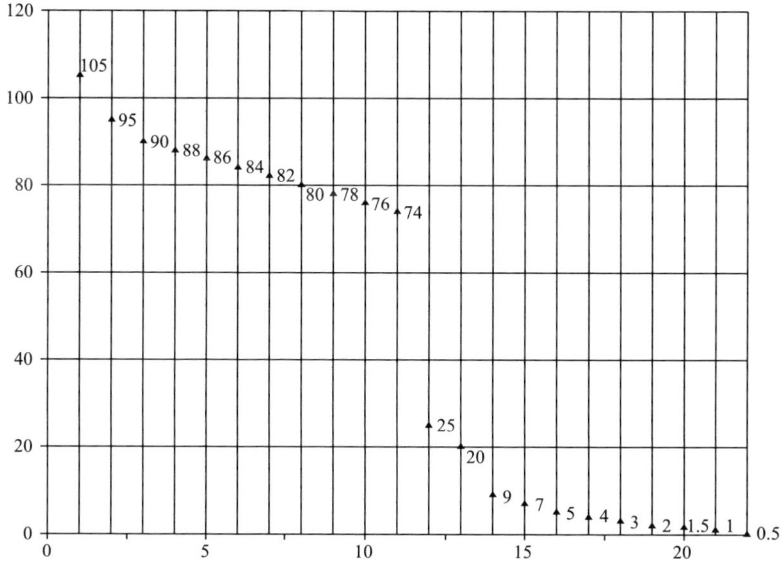

图 5-1　爵位与田宅之占有

此外，根据胡家草场新出土的《蛮夷律》，“蛮夷邑人”也有资

[1] 本图的横轴共有 22 个等级的“名”，即从彻侯到公士的 20 等爵（为便于表示，此图将爵位高低顺序逆向标示。在秦汉时代，爵越高则其数字越大），外加无爵的公卒、士伍、庶人，以及受社会歧视的司寇、隐官。纵轴代表每个“名”享有的“分”（田宅），从 105 顷+105 宅一直到 0.5 顷+0.5 宅。

格受田。但不是按爵位，而是按户数："平田户一顷半，山田，户二顷半。"[1]"名分"之普适可见一斑。

由于"名"和占有财产密切关联，有"名"就有相应的财产(分)，所以"名"还可作动词，表示"占有""拥有"的意思。《史记·佞幸列传》记载，曾经文帝的宠臣郑通在失势后，身无分文，"竟不得名一钱，寄死人家"[2]。由这个路径发展下来，东汉买地券中出现了"名有"一词，指财产注册在某人名下这个事实。《中国历代墓券略考》共著录了五例这种用法，时代跨度为公元56~229年。[3] 例如，这件光和七年（公元184年）的案例：

> 光和七年九月癸酉朔六日戊寅，平阴男子樊利家从雒阳男子杜谞子、子弟□买石梁亭部桓千东比是陌北田五亩，亩三千，并直万五千，钱即日毕。田中根土著，上至天，下至黄，皆□□并。田南尽陌，北、东自比谞子。西比羽林孟□。若一旦田为吏民秦胡[4]所名有，谞子自当解之。时旁人杜子陵，李季盛。沽酒各半，钱千无五十。[5]

这个买地券可能并非实际田地交易记录，而是购买所谓的阴宅，[6]

---

[1] 《胡家草场》，第196页。这说明"蛮夷邑人"的待遇大体等同于"公士"；公士名有田一顷半。

[2] 《史记·佞幸列传》，第3139页。

[3] 《中国历代墓券略考》，第12、18、20、112、113页。时代分别为建宁四年（公元171年）、光和七年（公元184年）、□平□年、黄龙元年（公元229年）、建武中元元年（公元56年）；池田温：《中国历代墓券略考》。

[4] "吏民秦胡"有些难解。朱绍侯认为这泛指官吏、百姓、汉人、胡人；参见朱绍侯：《秦汉土地制度与阶级关系》，中州古籍出版社1985年版，第39页。

[5] 罗振玉编：《贞松堂集古遗文》，北京图书馆出版社2003年版，第349~351页。

[6] 相关研究，参见鲁西奇：《汉代买地券的实质渊源与意义》，载《中国史研究》2006年第1期；[日]富谷至：《黄泉の国の土地壳買——漢魏六朝贸地券考》，载《大阪大学教养部研究集录》（人文社会科学）第36期（1987年）；杨树达：《汉樊利家买地铅券跋》，载杨树达：《积微居金文说》，中华书局1997年版。

但反映的汉代概念是真实的。买卖双方都是普通百姓，仅被称呼为“男子”。但买方表现出很强的法律意识，非常在意卖家是否合法拥有所出售的田地。因此约定，一旦发现田地在他人名下，则由卖方负责处理。文中的“为……所名有”无疑是说田地注册在某人名下，为其人合法拥有。这个“名”已经非常接近现代民法上所讲的物主资格。[1] 土地交易的实质被视为“名”的转移。只有合法地转移了“名”，才真正转移了名下之“分”（土地）。

又如，比上例早12年的这件案例（公元172年）：

> 建宁四年九月戊午朔廿八日乙酉，左骏厩官大奴孙成从雒阳男子张伯始卖所名有广德亭部罗佰田一町。贾钱万五千，钱即日毕。[2]

这里也出现了“所名有”，和上例一样表示物主资格。

通过以上分析，我们看到：“名分”在早期民法中是指以一定的“名”（名姓、功）占有相应的“分”（应得利益）；有“名”就有“分”，“分”内之物受到法律保护。[3] 所谓“名分已定，贫盗不取”，并非贫盗没有贪欲，而是畏于法律不敢盗取。

第二节　“直”

“直”，《说文》曰“正视也”，也就是眼睛直视前方，似乎和法

---

[1] 仁井田升认为这是“所有”的意味，强调了“有”（参见《（补订）中国法律史·土地法、引领法》，东京大学出版会1981年版，第12~13页）。但笔者以为重点在“名”，因为这段话所关注的核心是土地在谁“名”下的问题：土地是否在卖家名下，是否可以合法地转移到买主名下。

[2] 张传玺主编：《中国历代契约会编考释》（上），北京大学出版社1995年版，第50页。

[3] 所以说，早期法律对个人财产的保护在直接意义上可以被归结为对名分的保护。

律没有什么关系。但《后汉书·陈实列传》有“讼以求直”的论述，把“直”作为民事诉讼的目的。为何？本书认为在早期民法中，“直”意味着对事实如实地陈述，被视为胜诉的决定性因素。这个意义并不容易被察觉，因为“直”的用法多样，根据语境不同而变化，所以我们需要排除干扰，从各种“直”中萃取出来民法意义上的“直”。

一、非民事诉讼中的各种“直”

“直”最常见的用法是形容官员“正直”的品格。《诗经·大东》：“周道如砥，其直如矢。”郑玄注解到：“如砥，贡赋均平；如矢，赏罚不偏。”[1] 郑玄将“直”解释为赏罚公正，也就是像箭一样，正中目标——该赏就赏，该罚就罚，不出偏差。孔子称赞卫国大臣史鱼“直哉史鱼！邦有道，如矢；邦无道，如矢”（《论语·卫灵公》）。这显然是借用了“其直如矢”来说明史鱼的官品之正直。

官品之正直体现在哪里？郭店简《五行篇》简 34 记载：“中心辩然而正行之，直也。”[2] 这个直就和“心”有关系了，即心中明白道理，走正道的意思。《荀子·修身》：“是是非非谓之知，非是是非谓之愚，伤良曰谗，害良曰贼。是谓是，非谓非，曰直。”[3] 这里的直和对正、误的认知和判断有关系。类似地，《韩非子·解老》：“所谓直者，义必公正，心不偏党也。”这里也强调了不偏“心”。[4]

[1] 《毛诗正义·小雅·大东》，第 7 页。

[2] 荆门市博物馆编：《郭店楚墓竹简·五行》，文物出版社 1998 年版，第 150 页。《五行篇》1993 年出土于湖北沙洋县。

[3] 《荀子新注·修身》，中华书局 1979 年版，第 17 页。

[4] 《韩非子集解·解老》，第 200 页。

这种强调不存偏心，诚实行事的“直”在秦汉刑法中有体现。“不直”就是指存心给予不公正的审判。《法律答问》简 93 记载：“论狱何谓不直？罪当重而端轻之，当轻而端重之，是谓不直。”[1] 特别值得注意的是，秦汉刑法区分了故意误判和无意误判两种情形，后一种不是“不直”而是“失刑”。《法律答问》特意用一个虚拟案例给予了说明：

> 士五（伍）甲盗，以得时直（值）臧（赃），臧（赃）直（值）过六百六十，吏弗直（值），其狱鞫乃直（值）臧（赃），臧（赃）直（值）百一十，以论耐，问甲及吏可（何）论？甲当黥为城旦；吏为失刑罪，或端为，为不直。（简 34）[2]

官员显著低估了非法获利，给了盗贼一个过轻的处罚。那这错误，如何纠正？方法是：应该给予盗贼应得的从重处罚，而有关官员则由其上级进行调查。如果上级认定有关官员故意低估被盗物品的价值，则这些官员们将被指控为“不直”。若上级认定有关官员只是犯了无心之失误，就是“失刑”。“心”（主观意图）具有的重要的作用，是判定“不直”和“失刑”的关键要素。这使得我们确信：不直就是指官员刻意给予不公正的判决。“不直”一旦被发现，有关官员要被处罚。“三十四年，适治狱吏不直者，筑长城及南越地。”[3]《二年律令》简 93 记载：“鞫狱故纵，不直，及诊，报，辟故弗穷审者，死罪，斩左止（趾）为城旦，它各以其罪论之。”[4]

以上这些“直”或者“不直”归结起来都是官德，也是对官员

[1]《睡虎地·法律答问》释文，第 115 页。
[2]《睡虎地·法律答问》释文，第 101 页。
[3]《史记·秦始皇本纪》，第 253 页。
[4]《张家山·二年律令》，第 22 页。

具有公正之心、赏罚不偏的评价准则。但《论语》还给我们提供了另一种“直”，与官员的内心、行为无关，而是和证人的行为有关。楚国名臣叶公与孔子有过一次思想之交锋：

> 叶公语孔子曰：吾党有直躬者，其父攘羊，而子证之。孔子曰：吾党之直者异于是。父为子隐，子为父隐，直在其中矣。（《论语·子路》）

在这个对话中，叶公[1]夸耀自己家乡的民众“直”，因为他们敢于揭发自己父亲的盗窃行为。孔子则相反，认为父子纽带是首位的，不应该揭发自己的父亲。孔子和叶公对“直”有不同的定义，根源在于两人对国法与伦理孰先孰后之理解不同。类似故事还见于《韩非子》和《吕氏春秋》。

> 楚之有直躬，其父窃羊，而谒之吏。令君曰：杀之。以为直于君而曲于父，报而罪之。以是观之，夫君之直臣，父之暴子也。（《韩非子》）[2]

在这则故事中，有关官员认为父子纽带至关重要，所以并不欣赏举报父亲的儿子，以至于将儿子处死。相对比而言，《吕氏春秋》则表现了儿子很巧妙地应对了国法与伦理之间的张力，为自己赢得了好的名誉，以至于孔子讥讽他沽名钓誉。

> 楚有直躬者，其父窃羊而谒之上，上执而将诛之。直躬者请代之。将诛矣，告吏曰：父窃羊而谒之，不亦信乎？父诛而

[1] 孔子多次和叶公论道。《论语·述而》记载：叶公仰慕孔子大名，询问子路孔子是什么样的一个人。孔子知道这事之后，对子路交代说：“女（汝）奚不曰，其为人也，发愤忘食，乐以忘忧，不知老之将至云尔。”《论语·子路》记录到：“叶公问政。子曰：‘近者悦，远者来。’”

[2] 《韩非子集解·五蠹》，第449页。

代之，不亦孝乎？信且孝而诛之，国将有不诛者乎？荆王闻之，乃不诛也。孔子闻之曰：异哉直躬之为信也，一父而载取名焉。故直躬之信，不若无信。（《吕氏春秋》）[1]

以上三则故事都反映了当时存在一种张力：国法第一还是父子伦理第一？然而尽管存在对“直”不同甚至相反的定义，但“直”都意味着证人应该履行应有的首要义务（或以国法为首要，或以人伦为首要）。

“直”还表示朴素的正义。有人问孔子是否以德报怨，孔子回答说：“何以报德？以直报怨，以德报德。”（《论语·宪问》）这段直截了当的话令后儒颇为头疼，它似乎不合乎夫子的仁者形象。朱熹解释说：“与其所怨者，爱憎取舍，一以至公而无私，所谓直也。”[2] 这个解释强调了对待他人公正、无私的态度。但在《论语》原始语境中，“直”显然是指给予对方应得的惩罚。正如李隆献先生所指出的，“孔子虽未直接对复仇有所论述，但以正当的方式复仇应该是孔子认可的”[3]。

对上述的“以直报怨”理解，可以由汉代对“报仇过直”的批判得到佐证。班固（公元32~92年）在《汉书·地理志》中批判太原、上党的欺诈、暴力等一系列不良风气时，专门提到了“报仇过直”。原文是：“太原、上党又多晋公族子孙，以诈力相倾，矜夸功名，报仇过直。”唐代颜师古（公元581~645年）注释说：“直亦当也。”[4] 按颜的说法，报仇过直就是指不正当的报仇。“直”在这

[1] 《吕氏春秋·至忠》，第110~111页。
[2] 《四书章句集注·论语》，中华书局1983年版，第157页。
[3] 参见李隆献：《复仇观的省察与诠释：以〈春秋〉三传为重心》，发表于2004年8月东亚语文学与经典诠释学研讨会。
[4] 《汉书·地理志下》，第1656页。

类语境中无疑是指正当，而正当背后暗含的就是正义。所以我们可以将“以直报怨”诠释为：用正义来回应怨仇，不必是德也不必是怨。这里的“直”就是指朴素的正义。

“直”还经常和“曲”对比：“直”指一方的力量强大，而“曲”则指另一方力量弱小。《左传》“城濮之战”（公元前632年）提供了这样的用例。当楚师进攻晋师时，子犯命令晋师退避。被质疑时，子犯解释道：

> 师直为壮，曲为老，岂在久矣。微楚之惠不及此，退三舍辟之所以报也。背惠食言，以亢其雠，我曲楚直，其众素饱，不可谓老。[1]

故事的背景是晋国公子重耳（晋文公）未继位前曾流浪到楚国，受到楚成王（公元前674~前626年在位）的优待。重耳归国前许诺，如果战场上遇到楚师，一定退避三舍以报答楚恩。[2]

子犯的话值得我们关注。他相信在对抗的背景下，“曲直”是决定胜负的关键。“曲”会导致一方的弱，导致在对抗中失利，而相比之下，“直”导致另一方的力量强，以至于取胜。楚被认为“直”是由于楚给予过晋恩惠；晋被认为是“曲”，因为尚未兑现退避三舍的承诺。这可以类比债权人与债务人的关系。晋尚未还债，所以是“曲”；楚有权索债，所以是“直”。民事诉讼如同战争场一样是双方对抗，背后的“曲直”道理是一致的。下面，我们来分析民事纠纷里的“直”。

---

[1]《左传注疏》僖公二十八年，第20~21页。

[2]《左传注疏》僖公二十三年，第12页。

二、民事诉讼中的“直”

西汉中期的《盐铁论》记录了一段大夫与贤良的辩论。[1] 贤良在讽刺官员的堕落时讲道：

> 文、景之际，建元之始，大臣尚有争引守正之义。自此之后，多承意从欲，少敢直言面议而正刺，因公而徇私。故武安丞相讼园田，争曲直人主之前。[2]

“讼园田”说的是武帝时期，丞相田蚡与前丞相窦婴争田宅之故事。[3] 需要我们关注的是：这场争讼胜负关键在于“曲直”。《东观汉记·鲁恭》有类似的说法：

> 建初中……宿讼许伯等争陂泽田，积年州郡不决。恭平理曲直，各退自相责让。[4]

解决这个多年不决的民事纠纷，关键也在于“曲直”。

为何“曲直”如此重要？王充给了我们答案：

> 乡决疑讼，狱定嫌罪，是非不决，曲直不立，世人必谓乡狱之吏才不任职。[5]

我们需要关注“曲直”“是非”之前的动词“立”曲直，“决”是非。所以在王充看来，审理官的责任是：确立事实，并据此作出是非判断。“曲”与“直”就是谎言与如实陈述之别。王充还更明

---

[1] 参见王利器：《盐铁论校注·箴石》，中华书局1992年版，第405~410页。《盐铁论》由桓宽（公元前81~公元9年）编纂，记录大夫（桑弘羊）与文学、贤良就治国政策的辩论。

[2] 参见《盐铁论校注·箴石》，第401页。

[3] 参见《盐铁论校注》，第403页注11。

[4] （东汉）班固等：《东观汉记·鲁恭列传》，中华书局1985年版，第174页。

[5] 《论衡集解·案书》，第571页。

确地表达过这个观点：

> 一堂之上，必有论者；一乡之中，必有讼者。讼必有曲直，论必有是非。非而曲者为负，是而直者为胜。[1]

这里的“讼”应该就是指“争财”，因为其场景是在“一乡之中”；若是刑事案件，则应该发生在县廷之上。王充认为，在任何争讼中都有两类人：由审判官员担当的“论者”和当事人。讼一定有谎言（曲），有如实陈述（直），而论者则需要区分谎言和如实陈述，然后决定是或非。“非”而且“曲”就输掉官司，“是”而且“直”就赢得官司。显然，王充说的是理想状态，没有考虑以曲为是，以直为非，黑白颠倒的情况。

和王充类似，郑玄也以“直”为对事实的正确描述，韦昭则将“曲”用于表明谎言。《周礼》：“以两造禁民讼，入束矢于朝，然后听之。”[2] 郑玄解释说：

> 讼，谓以财货相告者。造，至也。使讼者两至，既两至，使入束矢乃治之也。不至，不入束矢，则是自服不直也。必入矢者，取其直也。《诗》曰其直如矢。[3]

《周礼》论述在听讼前，当事人需履行缴纳箭束的仪式。郑玄为此作出了详细解释。他把这个仪式放到了民事诉讼的背景下进行解读：无论是“以财货相告”的事由还是具体的审理程序（两造自行到庭、不出庭则自动认输）都暗示了民事诉讼的背景。[4] 郑玄认为，不缴纳箭束意味着当事人承认自己“不直”，因为箭象征“直”。

[1] 《论衡集解·物势》，第153页。
[2] 《周礼注疏·秋官·大司寇》，第15页。
[3] 《周礼注疏·秋官·大司寇》，第15页。
[4] 在刑事案件中，被告不可能不出庭，因为县里将派人将其抓捕。

所以，胜负关键还是“直”。以箭寓意“直”（如实陈述事实），或许是来自两个原因：箭射出去后就不可被收回，只有直飞向目标，并且箭杆本身是笔直的。和箭一样，如果当事人所言为实，则他不会改变说法，并且也不会曲曲折折，闪烁其词。[1]

韦昭也谈到过诉讼时缴纳箭束的问题。在解释《国语》中“坐成以束矢”时，韦昭说：

> 坐成，狱讼之坐已成也。十二矢为束。讼者坐成，以束矢入于朝，乃听其讼。两人讼，一人入矢，一人不入则曲，曲则服，入两矢乃治之。矢，取往而不反也。周礼“以两造禁人讼，入束矢于朝，然后听之”也。[2]

韦昭特意将“坐成”解释为“狱讼之坐已成也”，说明他心中明白狱与讼不同，但“坐成”可通用于这两种情况。他立刻又将“束矢”限定到了讼的语境中去解释。他的解释和郑玄几乎如出一辙，显然受到了后者的影响。[3] 只是为了刻意有所不同，韦昭使用“曲”替代了“不直”，认为不缴纳箭束则意味着承认“曲”。韦昭又说，这个缴纳箭束的仪式象征“往而不返”，即当事人以此表明自己所言句句皆实，不容更改。这一下子把“其直如矢”的意思讲明白了。我们不再存有任何疑虑：“直”就是指对事实的如实陈述，而“曲”就是指对事实的歪曲。

郑玄和韦昭一起印证了我们对王充所说“曲直”的分析。但仍

---

[1] 对缴纳箭束的仪式也有不同的理解。清人陈焕（1786～1863年）和汪远孙（1789～1835年）认为箭束是预先缴纳的诉讼费；胜诉者的箭束退还而败诉方的箭束被收公（参见《国语集解·齐语》，第230页）。但这种解释显然没有郑玄的解释有说服力。

[2] 《国语集解·齐语》，第230页。

[3] 这不足为怪，考虑到郑玄在这一时代的权威地位，例如，魏明帝奉郑玄的律注为唯一权威。韦昭虽然是吴国官员，但政治分裂不影响学者对郑玄的推崇。

有一个疑问：民事诉讼中的“曲直”是术语性质，还是一般用语呢？笔者认为是前者。首先，《盐铁论》的争田案例告诉我们，“曲直”仅仅是与对事实的描述是否准确有关，而不具有道德色彩。这个案例是用来讽刺官员风气败坏、贪欲无厌的，所以即使一方是“直”，这个“直”也不意味着他具有什么高尚的德操，与“直哉史鱼”中的“直”很不一样。其次，郑玄话中的“不直”像是法律术语。他所描述的缴纳箭束仪式有一种郑重的氛围，而“自服不直”的“服”又是秦汉司法文书中常见的术语，所以“不直”也很可能是术语。最后，韦昭《国语注》中还有一例证明“直”是术语。

《国语》记录了一桩贵族间的争田案件：

> 邢侯与雍子争田，雍子纳其女于叔鱼以求直。及断狱[1]之日，叔鱼抑邢侯，邢侯杀叔鱼与雍子于朝。[2]

“雍子纳其女于叔鱼以求直”一语颇令人费解。对此，韦昭注解为：“不直，故贿以求直。”[3] 这个注解本身更加费解。但若我们把“直”理解为一个法律术语，就容易理解了。所谓“不直”就是指雍子在争讼时歪曲事实；“贿以求直”就是指通过行贿手段来颠倒黑白，把对事实的歪曲变成对事实的“如实”描述。只要被认定为“直”，即使是通过贿赂手段，仍然会赢得官司。

虽然在现实生活中，可能经常有“贿以求直”的事情发生，但在理想状态下，应该通过诉诸法理“讼以求直”。这个理念反映在《后汉书·陈实列传》中：

---

[1] “断狱”这个词表明，此时尚无争财曰讼、争罪曰狱的概念区分。
[2] 《国语集解·晋语九》，第443页。
[3] 《国语集解·晋语九》，第443页。

> 吏虑有讼者，白欲禁之，实曰："讼以求直，禁之理将何申？其勿有所拘。"[1]

这里的"讼"特指民事诉讼，因为故事本身的情节为我们这样理解提供了证据。某位小吏建议禁讼，这个建议显然不可能针对刑事案件。刑事案件会破坏社会秩序，怎么可能会不做处理呢？这是县令、长、丞必须履行的职责。《二年律令》简116记载：

> 气（乞）鞫者各辞在所县道，县道官令、长、丞谨听，书其气（乞）鞫，上狱属所二千石官，二千石官令都吏覆之。[2]

"上狱属所二千石官"说明，这规定针对的是断狱的"乞鞫"，即不服审判而要求上诉。如果必须受理"乞鞫"的请求，则必然断狱，否则何来"乞鞫"？所以该吏禁讼的建议显然不包括刑事案件，而是针对民事案件。民事案件大部分由乡一级处理，即使县令不听讼，也不会有太大的负面影响。

陈实的回答则把听讼上升到了一个原则性的层面上。"讼以求直，禁之理将何申"的"理"应该是指法理。《尚书·吕刑》有"惟察惟法"的理念，孔安国解释说"惟当清察罪人之辞，附以法理"[3]。"法理"一词还出现在《东观汉纪·张禹传》《后汉书·王涣传》中；张禹被称赞为精通"法理"，而王涣则被认为可以运用"法理"来解决棘手的案件。[4] 这样我们就明白，陈实相信：确立事实是民事诉讼的目的，而最好的途径是诉诸法理。

"确立事实"对民事诉讼至关重要，但显然对刑事诉讼也一样重

[1] 《后汉书·陈实列传》，第2066页。
[2] 《张家山·二年律令》，第24页。
[3] 《尚书注疏·吕刑》，第302页。
[4] 参见《东观汉记·张禹传》，第90页；《后汉书·王涣传》，第2469页。

要。两者到底有何不同呢？这体现在术语上和具体的操作上。在刑事诉讼中，“确立事实”不是“求直”，而是“得人情”。睡虎地《封诊式》记载：

> 治狱，能以书从迹其言，毋治（笞）谅（掠）而得人请（情）为上。治（笞）谅（掠）为下。有恐为败。(简 1)[1]

这里的“得人情”显然就是指确立事实了。为了“得人情”，审讯官员在必要时可以用刑“笞掠”。《封诊式》又说：

> 凡讯狱，必先尽听其言而书之，各展其辞，虽智（知）其訑，勿庸辄诘。其辞已尽书而毋（无）解，乃以诘者诘之。诘之有（又）尽听书其解辞，有（又）视其它毋（无）解者以复诘之。诘之极而数訑，更言不服，其律当治（笞）谅（掠）者，乃治（笞）谅（掠）。治（笞）谅（掠）之必书曰：爰书，以某数更言，毋（无）解辞，治（笞）讯某。(简 2~5)[2]

这段文字规范了刑讯逼供的操作细节，这虽然不属于理想的方式，却是合法的，颇为常见。相对比而言，用刑讯来确立事实的做法在民事诉讼中基本上是不存在的。例如：

> 更始二年四月乙亥朔辛丑，甲渠鄣守候，塞尉二人移垦池。律曰□□□⧄□□□史验问，收责，报不服。移自证爰书，如律令。(E. P. C. 39)[3]

有关官员显然已经通过验问，确立了事实，决定收债。但债务人拒绝认债，决定申诉。在整个过程中看不到用刑来逼供的影子。

[1]　《睡虎地·封诊式》，第 147 页。
[2]　《睡虎地·封诊式》，第 148 页。
[3]　《新简》，第 548 页。

这就是“求直”和“得人情”的显著区别。

综合以上分析，“直”显然是中国早期民法的一个重要概念，它反映了民事诉讼对事实验证的强调和对法理的诉求。这表明，早期民法具有相当的理性倾向。

第三节　“民—私”

本书第一章曾提及，汉代民法的一个特点是“个人”提出起诉，这当然是以现代眼光作出的事后总结。早期中国还没有发展出“个人”这个词汇，该词的内涵视语境，由“私”和“民”重叠表达。“私”和“民”是“公”和“官”的反义词，大体上划定了非国家、非官方的利益领域。

西田太一郎早在20世纪30年代就关注到了中国古代语境中的“公”“私”。他认为“公”最早是指国君，为君主从事即为公事，所以又指官署、物，从这里引申出了公平之意。而私则是公的反义，最早是指为大臣做事，后来引申出了“独自的”“个人的”意思。西田太一郎从语源和用例上的考证，解释清楚了公私的基本含义。[1] 在早期文献中，“私”与“公”常并举，表示国家和个人或官方与私人，互为反义。例如，《荀子·臣道》：“不卹公道通义，朋党比周以环主图私为务，是篡臣也。”贾谊《论积贮疏》：

[1] 参见［日］西田太一郎：《公私观念发展展开私人意义》。按《说文》，“公”是“厶”的假借。参见《说文解字注》，第49页。《韩非子·五蠹》说：“古者仓颉之作书也，自环者谓之厶，背厶谓之公。”段玉裁指出，“自环”其实是“自营”，“今本韩非营作环。二字双声语转。营训帀居。环训旋绕。其义亦相通”。按此，“厶”指自己圈地而居，与“厶”反义的“公”就是指集体居住。

“汉之为汉，凡四十年矣，公私之积，犹可哀痛。”[1]

在中国早期哲学思想中存在重公（国家、官方）抑私（个人、私人）的倾向，经常想象一种以公去私的境界；除了主张“拔一毛利天下而不为”的杨朱学派外，法家、儒家、墨家等各个流派都对“私”持有负面态度。其中立场最鲜明的恰恰是法家。韩非子认为“夫立法者，以废私也。法令行而私道废矣。私者，所以乱法也”[2]。《尉缭子》记载：“夫谓治者，使民无私也。民无私则天下为一家，而无私耕私织，共寒其寒，共饥其饥。”[3] 这种抑私思想也弥漫在史籍中，史家常常对“家无私财”之类的事迹大肆表彰。例如，东汉大将祭遵被称许为：“清名闻于海内，廉白著于当世。所得赏赐，辄尽与吏士，身无奇衣，家无私财。”[4]

学术界这种重公抑私的价值取向早有共识，本书无意为此做翻案。但有个诡吊的悖论需要探讨：若按韩非子的看法，法律就是用来消除私的，那么又为何会存在界定和保护个人利益的早期民法？这岂非矛盾？这种矛盾其实说明了价值取向和社会现实往往相左。古人早就清醒地意识到人之私欲、私心、私利是难免的。也正是因为现实生活中人们过于重“私”，所以才会引起思想家们对“私”矫枉过正的负面态度，希望借口诛笔伐来改变不理想的现实。

所以历史真相应该是这样的：早期法律既不是高尚的道德伦理说教，也不是法家一味地宏大构想。法律是务实的，要想有效运作，就必须面对人们有私利这个现实，并对此作出适当的安排。令

[1] 《荀子集解·臣道》，第 247 页；《汉书·食货志上》，第 1128 页。
[2] 《韩非子集解·诡使》，第 414 页。
[3] 《尉缭子直解·治本》，江苏古籍出版社 1988 年影印本，第 122 页。
[4] 《后汉书·祭遵列传》，第 742 页。

人赞叹的是，早期法律表现出一种睿智的折衷与平衡：在保持对“私”警惕的同时，也认可一些合理的“私”。更重要的是，对与“私”有很多重合的“民”的利益，法律予以广泛的认可和保护。在这个语境中的“民”，既可以被视为“个人”，也可以被视为有别于官方、公家的“民众”。

先谈谈法律对“私”的态度。我们注意到在《二年律令》条文中，“私”字大多有负面的含义。例如：

> 诸有叚（假）于县道官，事已，叚（假）当归。弗归，盈廿日，以私自叚（假）律论。（简 78）
>
> 而以平贾（价）责钱。非当发传所也，毋敢发传食焉。为传过员，及私使人而敢为食传者，皆坐食臧（脏）为盗。（简 230）

这两例[1]中的“私”都指未经官方授权的“私自”行事，要受到惩罚。但并不是所有的“私”都被禁止。例如：

> 相国上：中大夫书请，中大夫谒者、郎中执盾执戟家在关外者，得私买马关中。（简 505）[2]

“私买马”，即为了个人的使用而买马匹。它受到认可，因为它是合理的：任职在关中但家在关外，所以需要马匹作为交通工具。由此可见虽然汉初马匹作为战略物资受到严格的控制，但仍然开放给合理的需要。类似地，私开矿、采盐牟利，只要向国家完税就可以合法进行。

> 民私采丹者租之，男子月六斤九两，女子四斤六两。（简 438）
>
> 诸私为卤盐，煮济、汉，及有私盐井煮者，税之，县官取

[1] 以上两例，参见《张家山·二年律令》，第 19、40 页。
[2] 参见《张家山·二年律令》，第 85 页。

一，主取五。(简 436)[1]

可见国家有条件地认可这种私利。不过总体上，“私”出现时，大多为负面的意味。

相比与“私”的这种境遇形成鲜明对比，法律对“民”的利益予以较明确的认可和保护。

民宅园户籍、年细籍、田比地籍、田命籍、谨副上县廷。(简 331)

官恒先计雠，□籍□不相（?）复者，现劾论之。民欲先令相分田宅、奴婢、财物，乡部啬夫身听其令，皆参辨券书之，辄上如户籍。有争者，以券书从事；毋券书，勿听。所分田宅，不为户，得有之，至八月书户。留难先令、弗为券书，罚金一两。(简 334)

民大父母、父母、子、孙、同产、同产子，欲相分予奴婢、马牛羊、它财物者，皆许之，辄为定籍。(简 337)

民欲别为户者，皆以八月户时，非户时勿许。(简 345)[2]

这些律文都涉及“民”的利益：赋予“民”制定遗嘱的能力，析产的能力，立户的能力。这些语境中的“民”，都可以被理解为有独立意志和行动能力的个体，并且其意愿和行动受到法律尊重。[3] 例

[1] 以上两例，参见《张家山·二年律令》，第 68 页。

[2] 以上四例，参见《张家山·二年律令》，第 54~56 页。

[3] 这里强调了语境，因为早期法律文献中“民”的用法和语境有关。此处对“民”的解谈适用于民法语境中，但在刑法语境中则不同。在刑法语境中，“民”被视为消极的被教化对象。例如睡虎地《语书》：“廿年四月丙戌朔丁亥，南郡守腾谓县、道啬夫：古者民各有乡俗，其所利及好恶不同，或不便于民，害于邦，是以圣王作为法度，以矫端民心，去其邪避（僻）除其恶俗。”这种语境现象，在早期法律文献中很普遍。这里的“民”也有“所利好恶”的意思，但被认为需要改造。

如，“民欲先令”“欲相分”“欲别为户”等用语都体现了对个人意志的重视；如果有某种想法，则可做某事。这其中，“民欲先令”一项信息最充分，最值得品味。官员在这个过程中完全没有主动干预的权力，只是“身听其令”而已，只负责记录“民”所欲之事，并且，如果官员对先令有所拖延或刁难，则要受到惩罚。这显然表明，制定遗嘱一事，属于个人的行为领域，权力完全在“民”这一方。“民”可以按自己的意志，对自己的财产进行安排，国家不得干涉。正如《汉书·刑法志》所总结：“萧、曹为相，填以无为，从民之欲，而不扰乱，是以衣视滋殖，刑罚用稀。”[1]

法律对民的利益和欲望的认可与早期的利民思想有共鸣。与“私”常有负面意味不同，民利被认为是正当的。《论语·尧曰》：“因民之所利而利之，斯不亦惠而不费乎。”可见孔子认为民有自己的利益，并且追逐这种利益是合理的，统治者只需顺乎其利，而不是阻止。到了西汉时期，思想家则对“与民争利”的现象发出强烈的抨击。董仲舒主张：

> 受禄之家，食禄而已，不与民争业，然后利可均布，而民可家足。此上天之理，而亦太古之道，天子之所宜法以为制，大夫之所当循以为行也。[2]

董氏又说：

> 故明圣者象天所为，为制度，使诸有大奉禄，亦皆不得兼小利，与民争利业，乃天理也。

董仲舒主张有禄阶者不与不食禄的民争夺利益，这还不是完全

[1]《汉书·刑法志》，第1097页。
[2]（汉）董仲舒：《春秋繁露·度制》，中华书局1975年版，第284页。

针对国家与私人之间利益争夺的主张。

在西汉始元六年（公元前81年）的盐铁会议上，贤良、文学直接对国家垄断经营行为进行批判，称为“与民争利”；“今郡国有盐、铁、酒榷、均输，与民争利。散敦厚之朴，成贪鄙之化”[1]。这种批评实际上表现出，贤良、文学认为国家之利益与民之利益有明显的分野。这些经营产业在他们看来，是属于民利的范畴，国家不宜介入，积极介入后会产生坏的后果。与此相为表里的还有著名的“与民休息”。这虽然是指轻徭薄赋、不干扰民力等统治政策，但同时也具有国家不把自己利益强加在民身上，为民留一些余地的意味。这种利民、不与民争利或与民休息一起印证了法律中界定和保护民利的条文。[2]

这样，合理的“私”行为与民应有的利益大致就划分出了一个非官方、非公家的利益领域，也就产生了对“私财物”的尊重和认可。汉代河西简牍中常有所谓的《傅马名籍》，登记驿站中服役的马匹。这些马匹既有官马，也有从私人手中征用的。对前者指称为“傅马”并由官家为其取名；“傅马一匹，騩，乘，白鼻，左剽，齿八岁，高六尺。驾翟圣。名曰全厩”（v1610②：12）。但对于后者，名籍都要注明是“私财物”，并且不为之命名。例如：

私财物马一匹，騩，牡，左剽，齿九岁，白背，高六尺一寸犕。补悬泉置驿马缺。（v1610②：11）

私财物马一匹，駹，牡，左剽，齿七岁，白背，高五尺九

[1]《盐铁论校注·本议》，第1页。

[2] 对民利的认可和古代民本思想有关。关于民本思想的系统研究，参见金耀基：《中国民本思想史》，台北，商务印书馆1993年版。

寸。补悬泉置驿马缺。(v1610②：19)[1]

这表明政府不能以国防需要的名义侵占“私财物”，并且无权对私财物命名。[2]

早期民法正是适用于这个非官方、非公家的利益领域。它主要包括私人之间（包括国家与私人之间）的债务纠纷、损失赔偿、家产分割、继承等财产问题。但在以后的历史发展进程中，这个领域不但没有扩大，反倒不断萎缩。国家不断介入，从而不断将其纳入公的范围里。例如，债务问题在汉代是典型的民事问题，只需欠债还钱。但到唐代就加入了刑罚手段，对欠债不偿者，除强令其赔偿外，还要处以笞刑和杖刑。无怪乎清末大法学家沈家本说：“中国民事刑事不分，至有钱债细故、田产分争亦复妄加刑吓。”[3] 也无怪乎常有人以为中国自古无民法。

结　论

通过以上分析，可以得出一个合理的结论，即早期中国的民事法律基于三个基本概念：名分、直、民—私。名分指的是拥有一定资源份额的合法性，直指的是对事实的直接陈述，民—私表示非官方、非国家的利益领域。它们构成了早期中国民事法律的基础；所有的民事法规/条例都围绕着这三个概念展开。早期中国的民事法律

---

[1] 参见《敦煌悬泉汉简释粹》，第81页。

[2] 命名应该和“名分”有关。

[3] （清）沈家本：《奏停止刑讯请加详慎折》，载（清）伍廷芳：《伍廷芳集》，中华书局1993年版，第269页。

适用于民—私领域的争议，被理解为对名分的斗争。只要名分没有确定，争议就无法解决。保护一个人名分的方法是诉讼，这被理解为基于法律原则寻求直的过程。谁拥有直谁就胜诉。总之，这三个概念展示了早期中国民事法律存在的理性基础。

第六章

民法规之上

本章将探讨前述章节所设定的界限之外的问题。我们发现两个令人深思的现象：首先，虽然在汉代，民事法律已经有相当程度的发展，两造也常通过诉讼来解决纠纷，但当时流行的法律理想却是通过道德教化来减少诉讼；其次，在审理案件时，除了国家律令之外，儒家经典亦经常被援引为权威。因此，为了全面地探究早期民法之特色，有必要将其放置于更广阔的背景下讨论。我们将阐明早期民事法律与社会和谐相关的特征，以及成文法与儒家经典在法律实践中的重叠权威。

第一节　道德修养的法律化：无讼的理想

毫无疑问，民事法律存在于早期中国并且具有一定的重要性。已有资料显示，在公元前 4 世纪左右，民事法规和一些相关观念开始出现，到秦汉时期，民事法规体系逐渐形成。早期的民事司法体系有五个特点：（1）民事纠纷相当普遍，甚至家族成员之间也经常因为财产问题而产生诉讼；（2）官方认为解决民事纠纷是应有之责任；（3）民事纠纷主要由乡啬夫等基层官员调查、处理，但是当事人有权向县廷、郡府等上级提出上诉；（4）国家已经颁布法规以规范涉及赔偿、债务、合同和继承的民事纠纷；（5）民事法律建立在诸如“直”“名分”“民—私”等观念的基础上，反映了在法律思维中对事实的重视、对合法权益的保护以及对一定私人利益空间之认可。

但自西汉中期就出现了一个很有特色的现象：尽管民事司法制度初具规模，民事案件频发，但精英阶层推崇的法理想却并非通过完善法律来更好地处理民事纠纷，而是希望在听讼时改造民众的道德，通过促进礼让以减少乃至彻底消灭诉讼。[1] 留存的资料显示，许多以仁慈公正著称的汉代“法官”（地方长官）认为，在理想的情况下，世上不应该发生民事诉讼。他们审理民事案件的终极目标并不是保护各方应有的权益，而是希望以此为契机，教化民众，实现更大的社会和谐。这个理念和目标反映在汉代对古代法官典范邵伯的诠释中。

邵伯是西周名臣，其故事最早出现在《诗经·召南·甘棠》中，被歌颂到：

> 蔽芾甘棠，勿翦勿伐，召伯所茇。
> 蔽芾甘棠，勿翦勿败，召伯所憩。
> 蔽芾甘棠，勿翦勿拜，召伯所说。

一棵枝叶茂密的棠梨树寄托着民众对邵伯之思念。在汉代，邵伯事迹被后起的《韩诗外传》演绎如下：

> 昔者周道之盛，邵伯在朝，有司请营邵以居。邵伯曰：嗟！以吾一身而劳百姓，此非吾先君文王之志也。于是出而就蒸庶

[1] 虽然理论上这种理想也适用于刑事案件，但主要应用场景大多与民事纠纷有关。

于阡陌陇亩之间而听断焉。邵伯暴处远野，庐于树下，百姓大悦，耕桑者倍力以劝。[1]

邵伯因司法公正而闻名，他的形象是一位仁爱的长者及大法官，放弃营建自己应当享有的宫殿，主动走入偏远的乡村，在田间地头听讼止争，指引和帮助民众，造福一方。其核心品性可归纳为：公正的法官通过“听断”教化民众，推动社会之和谐。资料显示，邵伯被汉代精英阶层尊奉为仁爱和正义的化身，褒扬法官成就的标尺。[2]

这种邵伯形象其实折射了汉代的法律理念。在现存史料中，诸多汉代地方官被认为与邵伯一样善于处理民事纠纷，造福一方。他们或处理兄弟争田，或处理借物不还，或处理无名纠纷等。虽然这些官员的事迹被高度理想化和套路化，未必能如实反映汉代的法律实践，但可以很好地凸显当时通行的法律理念。这些官员之所以成为典范，据称是因为他们改变了辖区内百姓的行为模式，实现了社会之和谐。

首先，《汉书》为我们讲述了韩延寿的故事。汉宣帝时期，韩延寿主政冯翊（今西安以东的关中地区），经常巡视下属的各县各乡，了解民间百态。一天，韩延寿遇到兄弟两人为争夺田产而诉讼。他感到痛心疾首，认为纠纷的起源在于他个人未能通过道德教化来教育百姓。于是韩延寿返回自己的住所反思己过，而他的下属则集体自缚请罪。这些举动产生了震撼人心的效果：

此两昆弟深自悔，皆自髡肉袒谢，愿以田相移，终死不敢复

[1] 魏达纯：《韩诗外传译注》，东北师范大学出版社 1993 年版，第 29~30 页。

[2] 共四篇文献：《汉书・王吉传》、《后汉书・冯衍列传》、《鲜于璜碑》（公元 165 年，参见《汉碑集释》）、《汉故谷城长荡阴令张君表颂》（公元 186 年，参见《汉碑集释》）。

争。延寿大喜，开阁延见，内酒肉与相对饮食，厉勉以意告乡部，有以表劝悔过从善之民。延寿乃起听事……延寿恩信周徧二十四县，莫复以辞讼自言者，推其至诚，吏民不忍欺绐。[1]

兄弟俩震惊惶恐，进行了深刻的反省，放弃争端，表示要互谦互让。韩延寿知道诉讼双方已经冰释前嫌，和睦相处，于是他打开了久闭的府门，接见并宴请了兄弟二人。韩延寿鼓励他们现身说法，将悔悟传达到乡里，劝勉乡邻悔过从善。

处理田产纠纷很困难吗？韩延寿为什么不处理而要自责呢？这正是韩延寿的创意之处——他不希望仅就事论事，而是追求釜底抽薪，从思想上根治纠纷。这整个过程是自上而下的层层教化、层层内省：长官先自我反省为政之不足，然后下属官员全部跟着自我反省。官员群体的反省震动了基层社会，诉讼双方的亲友纷纷站出来批评教育当事人，于是双方开始自我反省，自行解决问题。这段记载所传达的信息是，韩延寿以自我批评的方法不仅成功地解决了一桩案例，更改变了下辖二十四县的民风。

韩延寿是西汉人，其事迹在同辈中还不常见，但到了东汉，一大批似韩延寿的官员涌现出来。例如，许荆的事迹就像是韩延寿事迹的克隆。许荆在担任桂阳太守时（今湖南郴州一带），曾经到下属的耒阳县视察，正好遇到两兄弟争财诉讼。见此情景，许荆深感自责："吾荷国重任，而教化不行，咎在太守。"许荆立刻向远在长安的最高司法长官——廷尉上书，请求给予自己处分。这一举动震撼人心：争财的兄弟两人幡然悔悟，放弃争讼并请求许荆处罚自己。太巧合了，许荆和他的前辈韩延寿一样，都担任太守，都在巡视属

[1] 《汉书·韩延寿传》，第3213页。

县时遇到兄弟争财相讼，都认为这是自己教化缺失所致。不过，许荆自我批评的程度比韩延寿更加强烈——他竟然上书请求处分自己。这样做有效吗？根据记载，“在事十二年，父老称歌”[1]，许荆得到了地方民众的热烈拥戴。

另一位名臣吴祐曾主政胶东。他每遇到争讼就先闭门自责，然后对诉讼双方谆谆教诲，晓谕以和睦相处的道理。这像是在效仿韩延寿，但吴祐发展出自己独到的亲民举措：他经常主动深入基层，深入现场，发现问题，调解纠纷以促进和解。可见他双管齐下：一方面，在官府受理诉讼；另一方面，还下沉民间，主动发现问题，促进邻里和睦。[2]

类似地还有弘农太守陈纲，他以自责的方式处理兄弟相争，最终实现辖区内的和睦、无讼。史料记载：

> 陈纲字仲卿，成固人也……三府并辟举茂才，拜弘农太守。初至，有兄弟相争，自相责引退，是后无讼者。[3]

其次，我们来看看鲁恭的事迹。鲁恭本是位大儒，是“鲁诗”博士。他在担任中牟县令时处理了一起积累多年不决的土地纠纷：

> 讼人许伯等争田，累守令不能决，恭为平理曲直，皆退而自责，辍耕相让。[4]

鲁恭以自己的公正折服了两造，促使双方互相退让自责，达成和解。此外，鲁恭还感化了一位顽劣的亭长。故事如此：某亭长从别人那里借了一头牛却不肯归还。牛的主人找到鲁恭告状，鲁恭命

[1]《后汉书·循吏列传》，第2472页。

[2] 参见《后汉书·吴祐列传》，第2101页。

[3]（东晋）常璩撰：《华阳国志》，中华书局1985年版，第160页。

[4]《后汉书·鲁恭列传》，第874页。

令亭长把牛归还给原主，但这位亭长一而再，再而三地绝不执行长官命令。按说，鲁恭可以将该亭长绳之以法，以儆效尤。但鲁恭却从自身来寻找问题：他感叹说“是教化不行也”。于是卸下身上佩戴的印绶，打算自动辞职而去。身边的随从们非常感动，他们痛哭流涕，一起挽留鲁恭。那位蛮横的亭长也觉得惭愧、后悔，他把牛还给了原主之后，主动到监狱请罪。

我们发现上述所有故事都存在相似的模式：当纠纷引起官方注意时，主事官员不愿采取正式的法律行动来解决这些争端。相反，他们通常会批评自己缺乏美德，没有树立好榜样，而当事人则被感动而悔改并互相批评，彼此谦让，和平解决自己的争端。最终，辖区内实现极大的社会和谐。一言以蔽之，这些故事的核心思想是以道德教化消弭诉讼之源。从上下文分析，可见这种道德教化应该与《仪礼·丧服》所阐明的下列原则有关：

> 故昆弟之义无分，然而有分者，则辟子之私也……异居而同财，有余则归之宗，不足则资之宗。[1]

这里从儒家的立场推崇同居共财的大家庭以维系兄弟之间的和睦，但历史事实是：小家庭（父母+子女）和分家析产乃秦汉时期之常态，[2] 兄弟之间因财产而起的争端十分频繁。《淮南子》中有一段话对这种家庭纷争提出尖锐的批评：

> 当今之世，丑必托善以自为解，邪必蒙正以自为辟……分别争财，亲戚兄弟构怨，骨肉相贼，曰周公之义也。[3]

---

[1] 《仪礼注疏·丧服》卷三〇，第9页。
[2] 参见许倬云：《汉代家庭的大小》；Lai Mingchun，“Family Morphology in Han China”。
[3] 张双棣撰：《淮南子校释·泰族》，北京大学出版社1997年版，第2084页。

可以想见，秉持儒家立场的官员对这种现实很不满。他们视兄弟间的土地纠纷为自己的治理失败，因此自我批评。在自我批评之外，他们更希望以处理纠纷为契机推行礼让。例如，刘矩的事例：

> ［刘矩］稍迁雍丘令，以礼让化之。其无孝义者，皆感悟自革。民有争讼，矩常引之于前，提耳训告，以为忿恚可忍，县官不可入，使归更寻思。讼者感之，辄各罢去。[1]

我们发现，刘矩以地方官的身份在辖区内推行礼让。他处理争讼的方式就是谆谆教导，促使两造理解并学会互相谦让，私下解决纠纷。这样就无须民事诉讼，从而实现更大的社会和谐。

这种对礼让的推崇应该来自孔子的听讼原则："听讼，吾犹人也。必也使无讼乎！"（《论语·颜渊》）孔子说自己虽然和其他人一样听讼，但他内心希望达到一种无讼的境界。这种无讼自然不是简单粗暴地禁止诉讼，而是通过道德觉悟之普遍提高使得民众之间不产生纠纷。孔子又说：

> 导之以政，齐之以刑，民免而无耻。导之以德，齐之以礼，有耻且格。（《论语·为政》）

孔子虽明了法律之作用，却更强调道德的力量。这个立场被汉朝思想家反复重申和弘扬。如同王符《潜夫论》所阐释："是故上圣不务治民事，而务治民心。故曰：听讼，吾犹人也。必也使无讼乎！"[2]

---

［1］《后汉书·循吏列传》，第 2476 页。
［2］张觉：《潜夫论校注·德化》，岳麓书社 2008 年版，第 64 页。

第二节 儒家经典与法律

通过改革道德人心，尤其是通过推崇礼让从而减少诉讼的理想，对中国传统法律的发展产生了重大影响。与此同时，儒家经典也被运用到司法实践当中，成为法源之一。这一做法的开创者及代表人物是董仲舒。董仲舒不但是大儒也是著名法官。东汉应劭讲到过廷尉张汤请教董仲舒之故事：

> 故胶西相董仲舒老病致仕，朝廷每有政议，数遣廷尉张汤亲至陋巷，问其得失。于是作春秋决狱二百三十二事，动以经对，言之详矣。[1]

董仲舒以自己所解读的《春秋》之义来解决既有法规难以裁决的疑难问题，多达232事。这部作品早已散佚，只有若干案例幸存。通览这些残存案例，我们发现大多涉及家庭关系：有关于亲子关系，有关于养子问题，有关于寡妇再婚等，而董仲舒给出的解决方案都颇为人性化。例如：

> 时有疑狱曰：甲无子，拾道旁弃儿乙养之，以为子。及乙长，有罪杀人，以状语甲，甲藏匿乙。甲当何论？
>
> 仲舒断曰：甲无子，振活养乙，虽非所生，谁与易之？诗云：螟蛉有子，蜾蠃负之。春秋之义：父为子隐。甲宜匿乙而不当坐。[2]

---

[1] 《后汉书·应劭列传》，第1612页。
[2] 参见《九朝律考·汉律考·董仲舒春秋决狱》，第2页。

这个案例的主体是一桩杀人罪的审理。之所以成为疑难案件，是因为涉及了养子的法律地位，即养子是否享有与亲子相同的家庭法律地位？当时很可能并没有明确的法规来界定这类关系，以至于我们在《二年律令》中找不到蛛丝马迹。由此董仲舒得以借机发挥自己渊博的经学知识，将儒家经典引入司法实践当中。他通过诠释《诗经》和《春秋》中的相关记载，得出养子与亲子具有相同的法律地位之结论。他又指出父子亲情伦理促使亲子之间互相保护，因而这种行为应当得到宽宥。

基于同样的逻辑，董仲舒又认为若父亲不抚养子女，虽有血缘关系但不存在伦理和法律意义上的父子关系。例如：

甲有子乙，以乞丙，而丙所成育。甲因酒色，谓乙曰？“汝是我子”，乙怒，杖甲二十。甲以乙本是其子，不胜其忿，自告县官。仲舒断之曰？甲生乙，不能长育，以乞丙，于义已绝矣。虽杖甲，不应坐。[1]

该案例中，甲将自己的孩子丙送给他人抚养。孩子成人后，甲酒后对其出言不逊而遭到杖殴。这个案件的关键是如何定性——是否视为子女殴打父亲？若如此，则问题相当严重。但董仲舒以甲没有抚养丙为由，否定两者存在父子之义以及因义而产生的伦理义务，因此没有处置丙。

这两个案例在有关收养和继承的民事诉讼中成为极有影响力的先例。例如，在董仲舒死后近4个世纪，东晋散骑侍郎贺峤妻于氏就她的养子之继承权问题上书晋成帝，特意引用了这两个案例：

董仲舒命代纯儒，汉朝每有疑议，未尝不遣使者访问，以

[1] 参见《九朝律考·汉律考·董仲舒春秋决狱》，第2页。

> 片言而折中焉。时有疑狱曰：甲无子，拾道旁弃儿乙养之以为子……又一事曰：甲有子乙以乞丙，乙后长大而丙所成育……[1]

于氏用这两个案例为自己的养子主张继承权，董仲舒的思想影响深远由此可见一斑。

此外，还有一案例处理了寡妇再婚问题。董仲舒以春秋之义，力排众议，保护了寡妇的权益。案情如此：女子甲的丈夫遭遇海难过世，没有办法入葬。甲的母亲在4个月后将女儿再嫁他人。汉代寡妇再嫁原本很常见，并不违法，但这个案例特殊处在于再嫁时亡夫还没有下葬。该如何处置甲呢？有人认为当处以死刑："甲夫死未葬，法无许嫁，以私为人妻，当弃市。"但董仲舒议曰：

> 臣愚、以为《春秋》之义，言夫人归于齐，言夫死无男，有更嫁之道也。妇人无专制擅恣之行，听从为顺，嫁之者归也，甲又尊者所嫁，无淫行之心，非私为人妻也。明于决事，皆无罪名，不当坐。[2]

董仲舒通过解读《春秋》故事，推演出这个原则——寡妇再嫁并无不妥，又强调再嫁是由母亲主持，非常合理，主张女子甲无罪。这个解读事实上是对寡妇再嫁的保护。

董仲舒的举措开启了一种风气，汉朝很多官员效仿他，在审理案件时也引用儒家经典。例如，程树德曾收集了21个汉代案例，这些案例都是根据所谓《春秋》之义审判的。[3] 显然，《春秋》成为与律令同等重要的法律资源。在这种背景下，儒家经典和法律知识

---

[1] 《养兄弟子为后后自生子议》，载（唐）杜佑撰：《通典》，上海人民出版社1988年版。
[2] 参见《九朝律考·汉律考·董仲舒春秋决狱》，第3~4页。
[3] 参见《九朝律考·汉律考·董仲舒春秋决狱》，第4~12页。

互相影响和渗透，出现了混同的现象：不但《春秋》等经典运用于司法，法律条文也可被用于解释儒家经典。[1] 例如，郑玄在解释《礼记》“诸侯出夫人……有司官陈器皿”时说：

器皿，其本所赍物也。律：弃妻，畀所赍。[2]

这里，大儒郑玄正是用汉律关于离异归还妻子嫁妆的条文来解释《礼记》所记载的“出夫人”之礼。

结　论

本章讨论的礼让、律令和儒家经典的混溶现象表明，在汉代，国家颁布的律令并没有被看作处理民事纠纷的唯一、最高规则。除了律令之外，礼让原则和儒家经典都具有很强的法律效力，经常被官方所援引以处理法律条文所不及的疑难案例或改造人心、消除纷争之根源。这种律令与礼、经的混一性和多维度是中国传统法律的一大特色。

[1] 关于律注情况，参见邢义田：《秦汉的律令学：兼论曹魏律博士的出现》，载《“中央研究院”历史语言研究所集刊》1983 年第 54 期；龙大轩：《汉代律章句学考论》。

[2] 《礼记正义·杂记下》卷四三，第 15 页。

本书结论

早期中国的民法

我们的分析表明，早期中国存在以民事方式处理民事问题的法律，即民法。其种子早在西周时期就已经出现，但直到秦汉时期才真正形成。中国早期民法既与其他法律传统中的民法有一定的共性，又具有明显的自身特质。

首先，中国早期民法的形成经历了近6个世纪的漫长时间，大致可以分为两个阶段：（1）史料显示早期民法的萌芽可以追溯到西周—战国时期。我们在公元前8世纪至公元前7世纪的金文中窥测到贵族之间的土地纠纷，在公元前4世纪左右的简牍文书中观察到平民之间各种类型的民事纠纷。在这个萌芽阶段，民事诉讼也许还较为少见，而“法官”采用何种规则来裁决案件也不清楚，因为尚未发现有关法规。（2）在随后的秦汉时期，民法得到了真正的发展并达到了一定的复杂程度：国家颁布了设计精良的法规来处理债务、赔偿、家产继承等事务，以调整民众之间的经济和个人关系。出土和传世文献中记录有可观的民事纠纷，并且有明确的案例显示“法官”在听讼时依据律令来裁断。各类民事纠纷都可通过正常的司法途径得到解决，构成正式司法制度的一部分。

其次，就其特点而言，一方面，中国早期民法与其他法律传统的民法具有一致性：（1）民事法规和条例由国家颁布，以调整民众之间的经济和个人关系，包括赔偿、债务、继承和家产分割。(2) 在民事诉讼中，当局不逮捕当事人，不使用酷刑解决争端，也不把责任人视为违反公共秩序的罪犯。国家不与当事人有任何利益关系，也不对有责任的当事人实施刑事处罚，而涉及财产纠纷的当事人通常被当局视为平等个体。

另一方面，早期中国的民事法律具有以下三个独特特征：(1) 该法律不是基于（西式的）个人财产权概念，而是植根于独具中国传统特色的概念，如“名分”“直”“民—私”。“名分”指的是拥有一定资源份额的正当性，“直”指的是对事实的直接陈述，而“民—私”表示非官方、非国家的利益场域。所有民事法规、条例都围绕这三个概念展开。我们发现，早期中国的民事法律适用于民—私场域内的争端，这些争端被理解为名分之争，而诉讼则被抽象为根据法律原则寻求直的过程。

(2) 早期民法非常重视处理家庭事务，尽管也涉及债务和赔偿问题。已发现的民法详细界定了户的建立和分割、继承、遗嘱、离婚期间财产处置、寡妇的地位、老年人的赡养等事宜，但对债务和赔偿的处理则显得匮乏和粗疏，尽管从数量上看，债务、赔偿等问题构成已知民事纠纷案例的主体。诚然，这一特征可能与证据存留之偏见有关，但它更反映了早期民事法律的一般倾向和“家庭”在立法者眼中的重要性。

(3) 尽管早期民法已经发展到了一定的复杂程度，当事人也经常通过诉讼解决纠纷，但官方推崇的法律理想却并非完善法规以保障个人应有的权益。官方的理想是通过改良人们的道德以求减少诉讼；官员审理民事案件的最终目标是推行教化，消除纠纷之根源以实现社会和谐。此外，与国家颁布的律令并行，儒家经典也具有法律之权威。

最后，我们仍然有一个问题需要解决：中国早期民法具有什么重要意义？要回答这一问题，我们必须从平民的角度来审视民法所带来的重要变化。早期民法使得平民享有对土地的支配。从商鞅变法到《二年律令》，国家土地所有制逐渐被废弃。与此同时，早期民法将小农户参与土地经营和管理合法化，平民获得了控制土地的名分。从此，平民具有了参与土地交易的法律能力，当出现争端时，还可以采用法律手段解决问题。

这一变化与另一项重要的法律赋能有关——平民享有立嗣之权并可以制定遗嘱处置财产。我们知道，立嗣原本只是贵族的特权：贵族死后，其爵位以及祭祀祖先的特权可以传给继承人。然而，早期民法将这项贵族特权平民化了。法律赋予普通百姓立嗣之权以传承家庭财产和爵位，平民还可以通过遗嘱来分割财产。这些法律赋能激励普通百姓积累财富并寻找到劳作的意义。因此，早期民法的出现是一个极为重要的历史变化。它提高了普通百姓的社会地位，并在一定程度上赋予他们对自己生活的掌控。其积极意义和历史价值促使我们更全面地认识中华传统法律。

附录一

居延案例汇总

编号	因由	时间	简号	性质
1	谋杀	公元前 77 年	居延简 88.5	刑事
2	械斗	公元前 67 年	居延简 118.18	刑事
3	不端行为	公元前 61 年	居延新简 E. P. T. 56.255	刑事
4	不端行为	公元前 1 年	居延新简 E. P. T. 59.548a~b	刑事
5	人身伤害	公元 29 年	居延新简 E. P. T. 68.179~195	刑事
6	不端行为	公元 29 年	居延新简 E. P. T. 68.81~68.107	刑事
7	不端行为	公元 30 年	居延新简 E. P. T. 68.134~68.161	刑事
8	偷盗	公元 30 年	居延新简 E. P. T. 68.54~68.80	刑事
9	械斗	无可考证	居延简 148.45	刑事
10	械斗/人身伤害	无可考证	居延简 13.6	刑事
11	纵火	无可考证	居延新简 E. P. T. 52.207	刑事

续表

编号	因由	时间	简号	性质
12	盗贼	无可考证	居延新简 E. P. T. 5. 15~16	刑事
13	人身伤害	无可考证	居延简 133. 15	刑事
14	人身伤害	无可考证	居延简 135. 1	刑事
15	人身伤害	无可考证	居延简 27. 1a	刑事
16	人身伤害	无可考证	居延简 143. 27、143. 32~33	刑事
17	人身伤害	无可考证	居延新简 E. P. T. 65. 414	刑事
18	人身伤害	无可考证	居延新简 E. P. T. 68. 13~26. b	刑事
19	人身伤害 (伤害双亲=不孝)	无可考证	居延简 122. 7	刑事
20	人身伤害/谋杀	无可考证	居延简 3. 35	刑事
21	越境	无可考证	居延新简 E. P. T. 51. 411	刑事
22	越境	无可考证	居延新简 E. P. T. 68. 34~40	刑事
23	非法获利	无可考证	居延简 4. 1	刑事
24	不端行为 (擅自离岗)	无可考证	居延新简 E. P. F. 22. 527	刑事
25	丢失符	无可考证	居延新简 E. P. F. 22. 169~172	刑事
26	不端行为	无可考证	居延简 12. 1b	刑事

续表

编号	因由	时间	简号	性质
27	不端行为	无可考证	居延新简 E. P. T. 44. 30a～c	刑事
28	不端行为	无可考证	居延简 395. 11	刑事
29	不端行为	无可考证	居延简 33. 19	刑事
30	谋杀	无可考证	居延简 562. 15	刑事
31	谋杀	无可考证	居延新简 E. P. T. 51. 275	刑事
32	谋杀	无可考证	居延新简 E. P. T. 58. 99	刑事
33	不详	无可考证	居延新简 E. P. T. 56. 127～128	刑事
34	不详	无可考证	居延新简 E. P. T. 53. 181	刑事
35	不详	无可考证	居延新简 E. P. T. 56. 344	刑事
36	暴乱	无可考证	居延简 27. 21a	刑事
37	谋杀	无可考证	居延新简 E. P. T. 5. 299～300	刑事
38	债务	公元前 62 年	居延新简 E. P. T. 59. 8	“民事”
39	遗嘱	公元前 60 年	居延简 202. 9～15	“民事”
40	债务	公元前 51 年	居延新简 E. P. T. 53. 186	“民事”
41	债务	公元前 45 年	居延简 282. 9a～b	“民事”

续表

编号	因由	时间	简号	性质
42	债务	公元前 32 年	居延新简 E. P. T. 52. 485	“民事”
43	交易	公元前 32 年	居延新简 E. P. T. 51. 248	“民事”
44	债务	公元前 24 年	居延简 157. 5a~b	“民事”
45	债务	公元前 24 年	居延简 213. 41a~b	“民事”
46	债务	公元前 24 年	居延新简 E. P. C. 39	“民事”
47	债务	公元前 24 年	居延新简 E. P. T. 52. 88a~b	“民事”
48	债务	公元前 14 年	居延简 229. 1~2	“民事”
49	债务	公元前 13 年	居延新简 E. P. T. 50. 22~23	“民事”
50	债务	公元前 12 年	居延简 506. 9a~b	“民事”
51	债务	公元 28 年	居延新简 E. P. F. 22. 1~36	“民事”
52	交易（买地）	公元前 2 年	居延简 505. 37a~b	“民事”
53	赔偿（死马）	无可考证	居延简 46. 34	“民事”
54	赔偿（死马）	无可考证	居延新简 E. P. F. 22. 186~201	“民事”
55	赔偿	无可考证	居延新简 E. P. T. 57. 85	“民事”
56	债务	无可考证	居延简 3. 2	“民事”
57	债务	无可考证	居延简 3. 4	“民事”

续表

编号	因由	时间	简号	性质
58	债务	无可考证	居延简 132. 36	“民事”
59	债务	无可考证	居延简 145. 1	“民事”
60	债务	无可考证	居延简 157. 12	“民事”
61	债务	无可考证	居延简 158. 3	“民事”
62	债务	无可考证	居延简 178. 8	“民事”
63	债务	无可考证	居延简 190. 34	“民事”
64	债务	无可考证	居延简 193. 30	“民事”
65	债务	无可考证	居延简 201. 7	“民事”
66	债务	无可考证	居延简 214. 34	“民事”
67	债务	无可考证	居延简 259. 1	“民事”
68	债务	无可考证	居延简 26. 9a	“民事”
69	债务	无可考证	居延简 27. 23	“民事”
70	债务	无可考证	居延简 3. 6	“民事”
71	债务	无可考证	居延简 30. 7	“民事”
72	债务	无可考证	居延简 35. 4	“民事”
73	债务	无可考证	居延简 35. 6	“民事”
74	债务	无可考证	居延简 483. 3	“民事”
75	债务	无可考证	居延简 507. 14	“民事”
76	债务	无可考证	居延简 6. 16	“民事”
77	债务	无可考证	居延简 6. 17	“民事”
78	债务	无可考证	居延简 145. 36、145. 24、317. 4	“民事”
79	债务	无可考证	居延简 185. 27a～b	“民事”

续表

编号	因由	时间	简号	性质
80	债务	无可考证	居延简 217. 15、19	“民事”
81	债务	无可考证	居延简 35. 12、135. 21	“民事”
82	债务	无可考证	居延简 56. 31~32	“民事”
83	债务	无可考证	居延简 6. 16	“民事”
84	债务	无可考证	居延新简 E. P. T. 59. 13	“民事”
85	债务	无可考证	居延新简 E. P. T. 59. 7	“民事”
86	债务	无可考证	居延新简 E. P. T. 61. 1	“民事”
87	债务	无可考证	居延新简 E. P. T. 61. 2	“民事”
88	债务	无可考证	居延新简 E. P. T. 5. 7	“民事”
89	债务	无可考证	居延新简 E. P. T. 51. 194	“民事”
90	债务	无可考证	居延新简 E. P. T. 51. 255	“民事”
91	债务	无可考证	居延新简 E. P. T. 51. 519	“民事”
92	债务	无可考证	居延新简 E. P. T. 51. 8	“民事”
93	债务	无可考证	居延新简 E. P. T. 52. 110	“民事”

续表

编号	因由	时间	简号	性质
94	债务	无可考证	居延新简 E. P. T. 52. 21	“民事”
95	债务	无可考证	居延新简 E. P. T. 52. 201	“民事”
96	债务	无可考证	居延新简 E. P. T. 52. 247	“民事”
97	债务	无可考证	居延新简 E. P. T. 52. 319	“民事”
98	债务	无可考证	居延新简 E. P. T. 52. 487	“民事”
99	债务	无可考证	居延新简 E. P. T. 52. 506	“民事”
100	债务	无可考证	居延新简 E. P. T. 4. 92	“民事”
101	债务	无可考证	居延新简 E. P. T. 59. 13	“民事”
102	债务	无可考证	居延新简 E. P. T. 51. 8	“民事”
103	债务	无可考证	居延新简 E. P. T. 61. 1	“民事”
104	债务	无可考证	居延新简 E. P. T. 52. 496a～b	“民事”
105	债务	无可考证	居延新简 E. P. T. 58. 45a～b	“民事”
106	债务 （女子起诉）	无可考证	居延新简 E. P. T. 52. 201	“民事”

续表

编号	因由	时间	简号	性质
107	田宅纠纷	无可考证	居延新简 E. P. T. 40. 47	“民事”
108	薪资	无可考证	居延简 178. 2	“民事”
109	交易	无可考证	居延新简 E. P. T. 59. 923	“民事”
110	交易	无可考证	居延新简 E. P. T. 51. 314	“民事”
111	交易 （未能付款）	无可考证	居延新简 E. P. T. 51. 199	“民事”
112	追回官财物	公元前 28 年	居延新简 E. P. T. 59. 1～2	不详
113	不详	公元前 15 年	居延新简 E. P. T. 59. 57～58	不详
114	拿走一只鼓	公元 28 年	居延新简 E. P. F. 22. 329～332	不详
115	追逐野骆驼	无可考证	居延新简 E. P. T. 5. 97	不详
116	不详	无可考证	居延新简 E. P. T. 53. 173	不详
117	不详	无可考证	居延新简 E. P. T. 56. 183	不详
118	不详	无可考证	居延新简 E. P. T. 4. 40	不详
119	不详	无可考证	居延新简 E. P. T. 52. 417	不详

续表

编号	因由	时间	简号	性质
120	不详	无可考证	居延新简 E. P. T. 25. 25a~b	不详
121	不详	无可考证	居延新简 E. P. T. 51. 264~272	不详
122	不详	无可考证	居延新简 E. P. T. 52. 280a~b	不详
123	不详（申诉）	无可考证	居延简 206. 31	不详
124	不详（申诉）	无可考证	居延新简 E. P. T. 7. 40	不详
125	不详 （解释律文）	无可考证	居延简 38. 27	不详
126	不详 （解释律文）	无可考证	居延新简 E. P. T. 51. 290	不详
127	不详 （解释律文）	无可考证	居延新简 E. P. T. 51. 509	不详
128	不详 （解释律文）	无可考证	居延新简 E. P. T. 54. 9	不详

资料来源：（1）谢桂华等：《居延汉简释文合校》，文物出版社 1987 年版；（2）甘肃省文物考古研究所等编：《居延新简》，文物出版社 1990 年版。

附录二

《史记》《汉书》中的讼

《史记》	《汉书》
1. 争财	
诗人道西伯，盖受命之年称王而断虞芮之讼。（卷 4，第 119 页）	其赦天下，与民更始。诸逋贷及辞讼在孝景后三年以前，皆勿听治。（卷 6，第 169 页）
周西伯政平，及断虞芮之讼，而诗人称西伯受命曰文王。（卷 32，第 1479 页）	辞讼在后二年前，皆勿听治。（卷 7，第 221 页）
及文王为西伯，断虞芮之讼，始受命，吕望、伯夷自海滨来归之。（卷 99，第 2715～2716 页）	啬夫职听讼，收赋税。（卷 19 上，第 742 页）
鲁相初到，民自言相，讼王取其财物百余人。（卷 104，第 2777 页）	衣食足而知荣辱，廉让生而争讼息，故三载考绩。（卷 24 上，第 1123 页）
	好文法，民以贪遴争讼生分为失。（卷 28 下，第 1654 页）
	颍川好争讼分异，黄韩化以笃厚。（卷 28 下，第 1654 页）

续表

《史记》	《汉书》
	崇推让之风，以销分争之讼。（卷36，第1933页）
	其卿大夫缓于谊而急于利，亡推让之风而有争田之讼。（卷56，第2521页）
	延寿不得已，行县至高陵，民有昆弟相与讼田自言，延寿大伤之，曰："幸得备位，为郡表率，不能宣明教化，至令民有骨肉争讼。"……延寿恩信周徧二十四县，莫复以辞讼自言者。（卷76，第3213页）
	交让之礼兴，则虞芮之讼息。（卷77，第3265页）
	辞讼者历年不至丞相府……宣为相，府辞讼例不满万钱不为移书，后皆遵用薛侯故事。（卷83，第3391~3393页）
	其民为吏所冤及言盗贼辞讼事，各使属其部从事。（卷83，第3399页）
	蜀郡男子路建等辍讼惭怍而退，虽文王却虞芮何以加！（卷99上，第4068页）
2. 泛指诉讼	
俭化俗民，则尊卑之序得，而骨肉之恩亲，争讼之原息。斯乃家给人足，刑错之本也欤？（卷112，第2963页）	孔子曰："听讼，吾犹人也，必也使毋讼乎。"（卷48，第2253页）
故曰"听讼，吾犹人也，必也使无讼乎"。（卷122，第3131页）	丞相司直郭钦奏"宣举错烦苛，代二千石署吏听讼，所察过昭条……"（卷72，第3086页）

续表

《史记》	《汉书》
	庶民所以安其田里而亡叹息愁恨之心者，政平讼理也。（卷 89，第 3624 页）
3. 申诉、申辩	
郑悼公来讼。郑悼公费元年公如楚讼。（卷 14，第 623 页）	明年，京兆尹王章讼商忠直，言凤颛权，凤诬章以大逆辠……（卷 27 上，第 1334 页）
悼公元年，鄦公恶郑于楚。悼公使弟睔于楚自讼。讼不直，楚囚睔。（卷 42，第 1770 页）	德上书讼罪。会薨，大鸿胪奏德讼子罪，失大臣体，不宜赐谥置嗣。（卷 36，第 1928 页）
赵国以冶铸为业，王数讼铁官事，汤常排赵王。（卷 122，第 3142 页）	向自见得信于上，故常显讼宗室，讥刺王氏及在位大臣，其言多痛切，发于至诚。（卷 36，第 1966 页）
	赵王彭祖，帝异母兄也，上书讼太子辠，言充逋逃小臣，苟为奸伪……（卷 45，第 2175 页）
	是时，上春秋高，疑左右皆为蛊祝诅，有与亡，莫敢讼其冤者。（卷 45，第 2179 页）
	又讼淮南王无大罪，宜急令反国。（卷 51，第 2337 页）
	彭祖上书冤讼丹，愿从国中勇敢击匈奴……（卷 53，第 2421 页）
	大司空师丹等劾宏误朝不道，坐免为庶人，业复上书讼宏。（卷 60，第 2682 页）

续表

《史记》	《汉书》
	上知太子惶恐无他意，而车千秋复讼太子冤，上遂擢千秋为丞相，而族灭江充家。（卷 63，第 2747 页）
	会卫太子为江充所谮败，久之，千秋上急变讼太子冤。（卷 66，第 2883 页）
	左冯翊韩延寿有罪下狱，恽上书讼延寿。郎中丘常谓恽曰："闻君侯讼韩冯翊，当得活乎？"（卷 66，第 2891 页）
	咸素善云，云从刺候，教令上书自讼。（卷 66，第 2900 页）
	云上书自讼，咸为定奏草，求下御史中丞。（卷 67，第 2914 页）
	太中大夫谷永上疏讼汤曰："臣闻楚有子玉得臣，文公为之仄席而坐……"（卷 70，第 3020 页）
	恐下狱，使人报汤。汤为讼罪，得逾冬月，许谢钱二百万。（卷 70，第 3025 页）
	议郎耿育上书言便宜，因冤讼汤曰："延寿、汤为圣汉扬钩深致远之威……"（卷 70，第 3027 页）
	贤父上书讼罪，告广汉，事下有司覆治。（卷 76，第 3204 页）
	湖三老公乘兴等上书讼尊治京兆功效日著。（卷 76，第 3234 页）
	显、恭恐望之自讼，下于它吏……（卷 78，第 3286 页）

续表

《史记》	《汉书》
	会望之子散骑中郎伋上书讼望之前事……（卷78，第3287页）
	于是杜钦上疏，追讼奉世前功。（卷79，第3300页）
	直臣京兆尹王章上封事召见，讼商忠直无罪，言凤专权蔽主。（卷82，第3375页）
	大司农自讼不干属车。（卷90，第3667页）
	贤良对策多讼新都侯莽者，上于是征莽及平阿侯仁还京师侍太后。（卷98，第4029页）
	在国三岁，吏上书冤讼莽者以百数。（卷99上，第4043页）
4. 申诉/申辩	
历家曰小凶，天人家曰小吉，太一家曰大吉。辩讼不决，以状闻。（卷127，第3222页）	不崇礼义，而居公门下相非恨，疾言辩讼，婟谩亡状。（卷72，第3082页）
5. 公告	
岁时存问茂材，赏赐闾里。佗郡国吏欲来捕亡人者，讼共禁弗予。（卷106，第2823页）	
6. 狱讼联用	
夫豢豕为酒，非以为祸也，而狱讼益烦，则酒之流生祸也。（卷24，第1199页）	宜定制度，兴礼乐，然后诸侯轨道，百姓素朴，狱讼衰息。（卷22，第1030页）

续表

《史记》	《汉书》
	上自公侯，下至小吏，皆不得奉禄，而私赋敛，货赂上流，狱讼不决。（卷 24 下，第 1185 页）
	百姓素朴，狱讼衰息，大数既得，则天下顺治……（卷 48，第 2231 页）
	宽既治民，劝农业，缓刑罚，理狱讼，卑体下士，务在于得人心。（卷 58，第 2630 页）
	其务在于期会簿书，断狱听讼而已，此非太平之基也。（卷 72，第 3063 页）
	吏民皆富实。狱讼止息。（卷 89，第 3640 页）
	郡中莫不耕稼力田，百姓归之，户口增倍，盗贼狱讼衰止。（卷 89，第 3642 页）
	官无狱讼，邑无盗贼，野无饥民。（卷 99 上，第 4076 页）
	公卿旦入暮出，议论连年不决，不暇省狱讼冤结民之急务。（卷 99 下，第 4140 页）

附录三

里耶秦简所见疑似遗嘱[1]

里耶秦简[2]表明，早在秦代民间就存在遗嘱继承：里耶秦简中有两份涉及民间财产转移的文书很可能就是遗嘱，分析如下。

一、《都乡守武爰书》(简 8-1443+简 8-1455)

卅二年六月乙巳朔壬申都乡守武爰书：高里士五（伍）武自言以大奴幸、甘、多，大婢言、言子益等，牝马一匹予子小男子产。典私占。初手。六月壬申，都乡守武敢言：上。敢言之。/初手。六月壬申日，佐初以来。/欣发。初手。[3]

这份文书是都乡[4]向迁陵县廷上报的爰书，年代为秦始皇三十二年（公元前215年），这份爰书的内容是一份财产转移的记录。我们注意到当事人的身份是“士伍”，而“秦汉时期的士伍，就是居住

[1] 本文曾发表于王沛主编：《出土文献与法律史研究》（第2辑）（略有修改）。

[2] “里耶秦简”指2002年在湖南龙山县里耶古遗址1号井出土的38，000余枚简，以及2005年北护城濠11号坑出土的51枚简。考古学者认为，这批资料属于秦洞庭郡迁陵县的文书档案，年代为秦始皇二十五年（公元前222年）至秦二世二年（公元前208年）。参见张春龙、龙京沙：《湘西里耶秦代简牍选释》，载《中国历史文物》2003年第1期；湖南省文物考古研究所编著：《里耶发掘报告》，岳麓书社2007年版；湖南省文物考古研究所编著：《里耶秦简》（壹）、（贰），文物出版社2012年版、2018年版。

[3] 参见陈伟主编：《里耶秦简牍校释》（第1卷），第326页。

[4] 秦洞庭郡迁陵县下辖三乡：都乡、启陵乡、二春乡，其中都乡是县治所在地。参见《里耶秦简·前言》（壹），第4~6页。

在里伍或什伍中的没有官职、没有爵位，在户籍上有名的成年男子”[1]，所以是彻底的庶民。这份文书表明：都乡下辖高里有一位名叫武（与乡守同名）的庶民，为了将一笔财产转移给未成年儿子（小男子），[2] 主动谒见了乡官，表达自己的意愿。[3] 当时至少有两位官吏在场见证：里典“私”负责核实（典私占），乡佐“初”负责抄誊（初手）。[4] 我们不知道主管一乡的乡守[5]是否在现场，但他于秦始皇三十二年（公元前215年）六月壬申以爰书的形式将此事汇报给了县廷，该爰书仍由乡佐初誊写并送达县廷。虽然整个记录并未点明士伍武何时谒见了乡官，但可推测，这个时间应该和爰书的撰写日期一致，从而被省去。我们看到，整个事务处理

---

[1] 朱绍侯：《士伍身份考辨》，载朱绍侯：《军功爵制考论》，商务印书馆2008年版；[日] 西岛定生：《中国古代帝国的形成与结构：二十等爵制研究》，武尚清译，中华书局2004年版。

[2] 一般认为秦汉时代的“小男子”指14周岁（含）以下之未成年男子。参见杜正胜：《编户齐民——传统政治社会结构之形成》，台北，台湾联经出版公司1990年版，第10~22页；王子今：《两汉社会的“小男”、“小女”》，载《清华大学学报（哲学社会科学版）》2008年第1期；刘敏：《秦汉时期的“赐民爵”及“小爵”》，载《史学月刊》2009年第11期。也有学者认为在里耶秦简的时代，以身高来划分“大”“小”；参见凌文超：《秦汉魏晋“丁中制”之衍生》，载《历史研究》2010年第2期。

[3] 笔者认为，士伍武主动谒见了乡官。可参考后文将要分析的《都乡守沈爰书》。该文书明确地说“士伍广自言，谒……”从主动谒见这一事实，排除了这两份爰书为验问记录的可能性。

[4] 这里将“占”理解为验证，将“手”理解为抄眷、手书。王焕林说：“占，有验证、察看、口述等义，未知孰是。”参见王焕林：《里耶秦简牍校诂》，中国文联出版社2007年版，第326页。笔者以为，当理解为验证。可以相信，在乡佐正式抄录立遗嘱人的口述之前，里典验证了该口述内容的真实、合法性。至于“手”，则存在四种训释：（1）李学勤先生认为秦汉文书中，“某手”是指负责抄写、收发文书的吏员；（2）于振波先生认为“某手”是指有关官署的署名；（3）胡平生先生认为“某手”是指文书的经手人；（4）王焕林则认为“某手”是乡佐的署名。参见《里耶秦简牍校诂》，第326页。

[5] 乡守是主管一乡事务的官员。“乡守”在里耶秦简中频繁出现，其可考察的执掌的乡政事务包括征收赋税、户籍管理、刑徒管理、民间财产转移登记、乡情汇报、为公家购买奴隶等。

的非常高效，爰书在当天就送达了县廷。[1]

陈伟等研究者已经注意到，该文书或许和《二年律令·户律》下面这条律文有关：[2]

> 民欲先令相分田宅、奴婢、财物，乡部啬夫身听其令，皆参辨券书之，辄上如户籍。（简 334~336）[3]

虽然我们讨论的里耶爰书没有直接使用“先令”或“券书”这样的字眼，但其文本形式和内容与居延简所见遗嘱非常相似：同样提及一位父亲谒见了乡官，留下财产转移的安排。[4] 虽然爰书没有提及该父亲是否病危，但为何他会将一大笔财产（三名大奴，一名大婢和其子，一匹母马）转移给未成年的儿子？[5] 为何不担心缺乏经验的未成年儿子没有能力管理好这笔财物？为何完成这笔财产转移需要去拜见乡官？为何需要乡官记录这笔财产转移并上报县廷？整个过程郑重其事的氛围似乎暗示这位父亲是在处理后事。他希望用遗嘱来保障幼子未来的生活，而有关官员则依照程序将遗嘱记录存档并上报备案。幼子被父亲单列出来，或许是因为他希望多分些财产给幼子，也可能是他担心若无遗嘱保护，幼子应得份额会被成年的兄长们以各种借口侵夺。[6]

---

[1] “都乡”是指县治所在之乡，这解释了为何从都乡到县廷的文书传递如此迅速。

[2] 参见陈伟主编：《里耶秦简牍校释》（第 1 卷），第 327 页。

[3] 《张家山·二年律令》，第 54 页。

[4] 居延简遗嘱，见本书第三章第三节之分析。

[5] 里耶秦简 8-1287 记载“大奴一人直钱四千三百□小奴一人直钱二千五百，”由此可知，三名大奴的价格是 12，900 钱。大婢、大婢之子、母马的价格无从考察。

[6] 历史上，幼子的财产被侵夺的现象常有发生，父亲对这种事情多有担心，有时用遗嘱来预防。例如，汉代《风俗通义》说：“沛郡有富家公，资二千余万，小妇子年裁数岁，顷失其母，又无亲近，其大妇女甚不贤；公病困，思念恶争其财，儿判不全，因呼族人为遗令云……”这个故事虽有虚构成分，但大体反映了当时的社会现象。

二、《都乡守沈爰书》(简 8-1554)

卅五年七月戊子朔己酉都乡守沈爰书：高里士伍广自言，谒以大奴良、完、小奴嚼、饶，大婢兰、愿、多、□、禾稼、衣器、钱六万，尽以予子大女子阳里胡，凡十一物，同券齿。典弘占。七月戊子朔己酉，都乡守沈敢言之：上。敢言之。□手。[七] 月己酉日入，沈以来。□□。沈手。[1]

这份文书比上一份晚了 3 年，为秦始皇三十五年（公元前 212 年），同样记录了一位庶民父亲（士伍）将财产转移给子女，同样高效地在一天之内（秦始皇三十五年七月己酉）完成了文书的撰写和报送（这次是由乡守亲自报送），但其内容有两点更加突出。

首先，根据户籍所在地可推测，财产转移的对象是已出嫁的女儿。我们注意到，父亲的户籍在高里（高里士伍广）而女儿户籍在阳里（大女子阳里胡）。从睡虎地秦简和里耶秦简中，我们知道秦代实行有户籍制度。从目前已经公布的 24 枚里耶户籍简可知，登记内容包括户人（家长）、妻子、儿女，有时还有母亲、兄弟等信息（视家庭结构不同而有所不同）。[2] 例如（K27）：

第一栏：南阳户人荆不更蛮强

第二栏：妻曰嗛

第三栏：子小上造□

第四栏：子小女子驼

[1] 陈伟主编：《里耶秦简牍校释》(第 1 卷)，第 356~357 页。

[2] 黎明钊：《里耶秦简：户籍档案的探讨》，载《中国史研究》2009 年第 2 期。黎明钊将里耶秦简反映的家庭结构类型归为三类：小家庭、扩大家庭、联合家庭。另参见田旭东：《里耶秦简所见的秦代户籍格式和相关问题》，载《四川文物》2009 年第 1 期。

第五栏：臣曰聚

伍长[1]

这个户籍登记反映了一个核心家庭包括：父亲、妻子、儿子、女儿和家庭奴隶。高里士伍广的户籍登记并未被发现，故而无从得知其家庭的具体成员和结构，但无论如何，若女儿（胡）尚未出嫁，则她的户籍所在地显然应该和父亲一致，同在高里：由于“分异令”——“民有二男以上不分异者倍其赋”[2] 只适用于男子，所以未婚女儿不太可能脱离父亲的户籍。[3] 若女儿正在出嫁（新娘），由于尚未正式成为夫家成员，从逻辑上推测，她的户籍也应该还暂时滞留在父家（高里），待礼成后正式加入夫家方可转移入新地点（阳里）。所以，从该女的户籍所在地可以推知她是已嫁女。

其次，财产数目相当庞大，是上一份文书所涉及财产的数倍：包括大小奴、婢 8 人，禾稼、衣器、6 万钱，共 11 物。两名大奴加两名小奴的总价可推算为 13，600 钱，[4] 四名大婢的价格无考，但应该和前者相差不多，可保守地估算为 1 万钱。这样，8 名奴婢值 23，600 钱，再加上 6 万钱和禾稼、衣器，可估算为 10 万钱。据张家山《算数书》“金价量 315 钱”[5]，则 10 万钱等于 317 量（约 20

[1] 《里耶发掘报告》，第 203 页。

[2] 《史记·商鞅列传》，第 2230 页。

[3] 《二年律令》显示，汉初未婚女子似乎也可以“为户”。《户律》简 384：“女子为户，毋后而出嫁者……”从“毋后”推断，此处的“女子”有两种可能的状态：离异但无子或者从来没结过婚。但未婚女子“为户”并不意味着她从父亲户中分离出去，恰恰相反是继承父亲的户，户籍所在地显然应该完全一致。这属于高凯总结的 6 种女子为户情况的第 4 种——“父死，无子男、祖父母、母亲代户者，可以由女儿继立为户主”。参见高凯：《从居延汉简看汉代的“女户”问题》，载《史学月刊》2008 年第 9 期。秦代的情况应该和汉初类似。

[4] 见前注。

[5] 《张家山·算数书》，第 138 页。

金)。这是西汉早期两户中产之家的家产,[1] 想必在秦代的迁陵县都乡也是相当可观的一笔财产。

为何一位身份仅为庶民的父亲，如此大规模地把财产转移给已出嫁的女儿？首先可以排除嫁妆的可能性。其次嫁妆是在出嫁时赠送给新娘的，而已嫁女不可能是新娘，并且如此庞大的一笔财产也不像是庶民嫁女所能承担的嫁妆。这笔财产转移更像是一份遗嘱：这位父亲即将逝去，但他希望自己的爱女能享有自己相当大的一份遗产。和上文所分析的小男子情况类似，该父亲可能有众多子女或者其他继承人，而女儿在没有遗嘱保护的情况下，在继承中没有优势：根据汉初的《二年律令》，女儿可以继承家产（代户），但排在儿子、父母、寡妇之后,[2] 秦代的情况应该与汉初类似。所以，特意用遗嘱来保障她的利益，从而打破了法定继承的顺序，使她能够享有一笔很大的遗产。此外，文书中还有一个线索："凡十一物，同券齿"一语表明，该父亲制作了券书，它应该就是所谓的"先令券书"——遗嘱。而《都乡守沈爰书》左侧刻有表示"六万"的标记（券齿）与"钱六万"对应,[3] 并且还刻有表示"十一"的标记与"凡十一物"对应,[4] 这些细节说明该爰书本身很可能就是先令券书。

[1]《史记·文帝纪》载："百金，中人十家之产也。"可知，文帝时，一户中产之家的家产是10金。具体分析，参见黄今言：《汉代的訾算》，载《中国社会经济史研究》1984年第1期。黄据传世文献提出"一金值万钱"的说法，但这不符合张家山《算数书》所反映的金价。由于里耶秦简所处的时代与张家山汉简非常接近，这里采用了《算数书》的金价。

[2]《户律》简379~381："死毋子男代户，令父若母，毋父母令寡，毋寡令女……"关于秦汉继承问题，学界研究成果颇为丰硕。参见李均明：《张家山汉简所见规范继承关系的法律》，载《中国历史文物》2002年第2期；尹在硕：《睡虎地秦简和张家山汉简反映的秦汉时期后子制和家系继承》，载《中国历史文物》2003年第1期；刘欣宁：《由张家山汉简〈二年律令〉论汉初的继承制度》，台北，台湾大学出版中心2007年版。

[3]《里耶秦简》（壹）第八层释文，简1554之"说明"。

[4] 根据萧璨的研究，"简侧刻有6个'乙√-厂'，表示简文中的'钱六万'。上段又见到刻齿'—√一'，应该是表示简文中的'凡十一物'。从正面图版无法辨识是否还有表示'一'的刻痕"。参见萧璨：《对里耶秦简刻齿简调研简报的理解和补充》，载简帛网，http：//www. bsm. org cn/show article. php？ id=1743。

参考文献

一手史料

（汉）班固：《白虎通德论》，商务印书馆 1922 年影印本（四部丛刊）。

（汉）班固：《汉书》，中华书局 1962 年版。

［古罗马］查士丁尼：《法学总论》，张企泰译，商务印书馆 1989 年版。

（东晋）常璩撰：《华阳国志》，中华书局 1985 年版。

长沙市文物考古研究所、中国文物研究所：《长沙东牌楼东汉简牍》，文物出版社 2006 年版。

长沙市文物考古研究所等编：《长沙走马楼三国吴简·竹简·壹》，文物出版社 2003 年版。

长沙市文物考古研究所等编：《长沙五一广场东汉简牍选释》，中西书局 2015 年版。

（晋）陈寿：《三国志》，中华书局 1959 年版。

陈伟等：《楚地出土战国简册［十四种］》，经济科学出版社 2009 年版。

（汉）董仲舒撰：《春秋繁露》，中华书局 1975 年版。

（唐）杜佑：《通典》，上海人民出版社 1988 年版。

（宋）范晔撰：《后汉书》，中华书局 1965 年版。

甘肃省文物考古研究所编：《敦煌汉简》，中华书局 1991 年版。

甘肃省文物考古研究所等编：《居延新简：甲渠候官与第四燧》，文物出版社 1990 年版。

高文：《汉碑集释》，河南大学出版社 1997 年版。

湖北省荆沙铁路考古队：《包山楚简》，文物出版社 1991 年版。

（汉）桓宽撰：《盐铁论校注》，中华书局 1992 年版。

荆门市博物馆编：《郭店楚墓竹简》，文物出版社 1998 年版。

荆州博物馆编：《张家山汉墓竹简（三三六号墓）》，文物出版社 2023 年版。

荆州博物馆、武汉大学简帛研究中心编著：《荆州胡家草场西汉简牍选粹》，文物出版社 2021 年版。

李昉：《太平御览》，商务印书馆 1968 年影印本。

张双棣撰：《淮南子校释》，北京大学出版社 1997 年版。

刘盼遂：《论衡集解》，上海古籍出版社 1957 年版。

（汉）刘向撰：《古列女传》，中华书局 1985 年影印本。

（汉）刘向撰：《说苑校正》中华书局 1987 年版。

刘信芳、梁柱编著：《云梦龙岗秦简》，科学出版社 1997 年版。

（明）刘寅：《尉缭子直解》，江苏古籍出版社 1988 年影印本。

（汉）刘珍：《东观汉记》，中华书局 1985 年版。

鲁迅编：《会稽郡故书杂集》，新月出版社 1962 年版。

罗振玉、王国维编著：《流沙坠简》，中华书局 1993 年影印本。

吕不韦：《吕氏春秋》（高诱注），上海书店 1982 年影印本。

睡虎地秦墓竹简整理小组编：《睡虎地秦墓竹简》，文物出版社 1990 年版。

蒋礼鸿：《商君书锥指》，中华书局 1986 年版。

（清）沈家本：《奏停止刑讯请加详慎折》，载（清）伍廷芳：《伍廷芳集》，中华书局 1993 年版。

（宋）司马光：《资治通鉴》，中华书局 2011 年版。

（汉）司马迁：《史记》，中华书局 1959 年版。

孙家洲：《额济纳汉简释文校本》，文物出版社 2007 年版。

（清）孙贻让：《周礼正义》，商务印书馆 1934 年版。

王恺銮校正：《尹文子校正》，商务印书馆 1935 年版。

（清）王先谦：《汉书补注》，中华书局 1975 年版。

魏达纯：《韩诗外传译注》，东北师范大学出版社 1993 年版。

吴均：《续齐谐记》，载上海古籍出版社编：《汉魏六朝笔记小说大观》，上海古籍出版社 1999 年版。

徐元诰：《国语集解》，中华书局 2002 年版。

（汉）应劭撰，王利器校注：《风俗通义校注》，中华书局 1981 年版。

（汉）许慎撰：《说文解字注》，上海古籍出版社 1981 年版。

（战国）荀况：《荀子》，中华书局 1979 年版。

（唐）长孙无忌主编：《唐律疏议》，中华书局 1983 年版。

张传玺主编：《中国历代契约会编考释》，北京大学出版社 1995 年版。

张家山二四七号汉墓竹简整理小组编：《张家山汉墓竹简（二四七号墓）》（释文修订本），文物出版社 2006 年版。

中国科学院考古研究所编辑：《居延汉简甲编》，科学出版社 1959 年版。

中国社会科学院考古研究所编：《殷周金文集成释文》，香港中文大学出版社 2000 年版。

（宋）朱熹：《四书章句集注》，中华书局 1983 年版。

中文著作、论文

蔡万进：《张家山汉简〈奏谳书〉研究》，广西师范大学出版社 2006 年版。

曹旅宁：《秦律新探》，中国社会科学出版社 2002 年版。

曹旅宁：《〈二年律令〉与秦汉继承法》，载《陕西师范大学学报（哲学社会科学版）》2008 年第 1 期。

晁福林：《先秦时期爵制的起源与发展》，载《河北学刊》1997 年第 3 期。

陈梦家：《汉简缀述》，中华书局 1980 年版。

陈平、王勤金：《仪征胥浦 101 号西汉墓〈先令券书〉初考》，载《文物》1987 年第 1 期。

陈伟：《包山楚简初探》，武汉大学出版社 1996 年版。

陈伟主编：《里耶秦简牍校释》（第 1 卷），武汉大学出版社 2012 年版。

程树德：《九朝律考》，中华书局 1963 年版。

丁小丽：《孔孟荀“名分”思想研究》，北京师范大学 2002 年博士学位论文。

杜正胜：《编户齐民：传统政治社会结构之形成》，台北，联经出版事业公司 1990 年版。

杜正胜：《古代社会与国家》，台北，允晨文化公司 1992 年版。

方新军：《权利概念的历史》，载《法学研究》2007 年第 4 期。

冯卓慧：《从传世的和新出土的陕西金文及先秦文献看西周的民事诉讼制度》，载《法律科学（西北政法大学学报）》2009 年第

4 期。

高敏：《秦汉史论集》，中州书画社 1982 年版。

葛英会：《包山楚简治狱文书研究》，载《南方文物》1996 年第 2 期。

顾颉刚：《“周公制礼”的传说和〈周官〉一书的出现》，载中华书局编辑部编：《文史》第 6 辑，中华书局 1979 年版。

顾久幸：《“执圭”杂考——兼论楚国爵制》，载《江汉论坛》1992 年第 5 期。

胡留元、冯卓慧：《西周法制史》，陕西人民出版社 1988 年版。

黄生撰：《字诂义府合按》，中华书局 1984 年版。

黄宗智：《清代的法律、社会与文化：民法的表达与实践》，上海书店出版社 2001 年版。

贾丽英：《从长沙东牌楼简牍看汉代出嫁女的财产继承》，载《光明日报》2007 年 7 月 13 日，史学版。

晋文、李伟：《从〈二年律令 · 户律〉看汉初立户分户问题》，载《中国农史》2008 年第 3 期。

李根蟠：《从秦汉家庭论及家庭结构的动态变化——兼与杜正胜先生商榷》，载《中国史研究》2006 年第 1 期。

湖北省荆州博物馆编著：《荆州高台秦汉墓》，科学出版社 2000 年版。

孔庆明：《秦汉法律史》，陕西人民出版社 1992 年版。

李解民：《扬州仪征胥浦简书新考》，载长沙市文物考古研究所编：《长沙三国吴简暨百年来简帛发现与研究国际学术研讨会论文集》，中华书局 2005 年版。

李均明：《张家山汉简所见规范继承关系的法律》，载《中国历史文物》2002 年第 2 期。

李力:《“隶臣妾”身份再研究》，中国法制出版社 2007 年版。

李零:《西周金文中的土地制度》，载陈平原等主编:《学人》第 2 辑，江苏文艺出版社 1992 年版。

李明晓、赵久湘:《散见战国秦汉简帛法律文献整理与研究》，西南师范大学出版社 2011 年版。

李学勤:《西周金文中的土地转让》，载《光明日报》1983 年 11 月 30 日。

李学勤:《包山楚简中的土地买卖》，载《中国文物报》1992 年 3 月 22 日。

梁启超:《论中国成文法编制之沿革得失》，载梁启超:《饮冰室合集·文集之十六》，中华书局 1989 年版。

梁治平:《寻求自然秩序中的和谐》，中国政法大学出版社 2002 年版。

廖伯源:《简牍与制度》，广西师范大学出版社 2005 年版。

刘奉光:《汉简所记敬老制度研究》，载《西南政法大学学报》2003 年第 6 期。

刘金华:《从〈包山楚简〉看楚国的民事法律关系》，载《江汉考古》2001 年第 2 期。

刘敏:《秦汉时期的“赐民爵”及“小爵”》，载《史学月刊》2009 年第 11 期。

王彦辉:《张家山汉简〈二年律令〉与汉代社会研究》，中华书局 2010 年版。

龙大轩:《汉代律章句学考论》，西南政法大学 2006 年博士学位论文。

鲁西奇：《汉代买地券的实质、渊源与意义》，载《中国史研究》2006 年第 1 期。

罗振玉编纂：《贞松堂集古遗文》，北京图书馆出版社 2003 年版。

马瑞、李建平：《“同产”词义考辩》，载《汉字文化》2011 年第 2 期。

［英］梅因：《古代法》，沈景一译，商务印书馆 1959 年版。

梅仲协：《民法要义》，中国政法大学出版社 1998 年版。

［日］籾山明：《中国古代诉讼制度研究》，李力译，上海古籍出版社 2009 年版。

宁全红：《春秋法制史研究》，四川大学出版社 2009 年版。

钱穆：《周官制作时代考》，载《燕京学报》1932 年第 11 期。

裘锡圭：《古文字论集》，中华书局 1992 年版。

裘锡圭：《啬夫初探》，载中华书局编辑部编：《云梦秦简研究》，中华书局 1981 年版。

瞿同祖：《中国法律与中国社会》，中华书局 2003 年版。

沈颂金：《二十世纪简帛学研究》，学苑出版社 2003 年版。

［日］水间大辅：《秦汉时期县狱史的职责》，载王沛主编：《出土文献与法律史研究》，上海人民出版社 2012 年版。

苏卫国：《秦汉乡亭制度研究——以乡亭格局的重释为中心》，黑龙江人民出版社 2010 年版。

陶毅、明欣：《中国婚姻家庭制度史》，东方出版社 1994 年版。

王捷：《旧题新证：先秦“狱”“讼”的法律语用演变——以出土法律文献为视角》，载《北方法学》2013 年第 4 期。

王利器：《郑康成年谱》，齐鲁书社 1983 年版。

王素：《长沙东牌楼东汉简牍选释》，载《文物》2005年第12期。

韦森：《市场、法治与民主——一个经济学家的日常思考》，上海人民出版社2008年版。

魏道明：《中国古代遗嘱继承制度质疑》，载《历史研究》2000年第6期。

［日］西岛定生：《中国古代帝国的形成与结构：二十等爵制研究》，武尚清译，中华书局2004年版。

谢维扬：《周代家庭形态》，黑龙江人民出版社2005年版。

邢铁：《我国古代的诸子平均析产问题》，载《中国史研究》1995年第4期。

徐世虹：《汉代民事诉讼程序考述》，载《政法论坛》2001年第6期。

徐世虹：《对汉代民法渊源的新认识》，载《郑州大学学报（哲学社会科学版）》2002年第3期。

徐世虹：《汉代社会中的非刑法法律机制》，载柳立言：《传统中国法律的理念与实践》，台北，"中央研究院"历史语言研究所2008年版。

徐世虹：《百年回顾：出土文献与秦汉律令研究》，载《上海师范大学学报（哲学社会科学版）》2011年第5期。

徐忠明：《中国法律史研究的可能前景：超越西方，回归本土》，载《政法论坛》2006年第1期。

许倬云：《汉代家庭的大小》，载李方桂等：《庆祝李济先生七十岁论文集》（下），台北，清华学报社1967年版。

闫晓君：《汉代继承问题刍议》，载《法律科学（西北政治大学学报）》2012 年第 2 期。

严耕望：《中国地方行政制度史》，台北，“中央研究院”历史语言研究所 1990 年版。

阎步克：《品位与职位：秦汉魏晋南北朝官阶制度研究》，中华书局 2002 年版。

杨鸿烈：《中国法律发达史》，商务印书馆 1930 年版。

杨树达：《积微居金文说》，中华书局 1997 年版。

杨向奎：《绎史斋文集》，上海人民出版社 1980 年版。

杨一凡：《中华法系研究中的一个重大误区：“诸法合体、民刑不分”说质疑》，载《中国社会科学》2002 年第 6 期。

叶玉英：《东汉简牍〈和从书〉所见东汉若干制度探索》，载《厦门大学学报（哲学社会科学版）》2009 年第 6 期。

［韩］尹在硕：《睡虎地秦简和张家山汉简反映的秦汉时期后子制和家系继承》，载《中国历史文物》2003 年第 1 期。

俞江：《关于“古代中国有无民法”问题的再思考》，载《现代法学》2001 年第 6 期。

俞伟超：《略释汉代狱辞文例——一份治狱材料初探》，载《文物》1978 年第 1 期。

曾维华：《释〈史记·货殖列传〉中的倚市门》，载《学术月刊》2000 年第 5 期。

张伯元：《出土法律文献研究》，商务印书馆 2005 年版。

张朝阳：《也从里耶简谈秦代乡啬夫与乡守：论基层管理的双头模式》，载《史林》2013 年第 1 期。

张朝阳：《论汉初名田宅制度的一个问题：按爵位继承旧户田宅?》，载《中国农史》2013 年第 4 期。

张岱年:《张岱年全集》(第4册), 河北人民出版社1996年版。

张继海:《睡虎地秦简魏户律的再研究》, 载《中国史研究》2005年第2期。

张继海:《汉代城市社会》, 社会科学出版社2006年版。

张建国:《居延新汉简“粟君债寇恩”民事诉讼个案研究》, 载《中外法学》1996年第5期。

张金光:《商鞅变法后秦的家庭制度》, 载《历史研究》1998年第6期。

张晋藩主编:《中国民法通史》, 福建人民出版社2003年版。

朱红林:《汉代“七十赐杖”制度及相关问题考辨——张家山汉简〈傅律〉初探》, 载《东南文化》2006年第4期。

朱红林:《张家山汉简〈二年律令〉研究》, 黑龙江人民出版社2008年版。

朱绍侯:《秦汉土地制度与阶级关系》, 中州古籍出版社1985年版。

朱绍侯:《〈秦汉时期的“赐民爵”及“小爵”〉读后——兼论汉代爵制与妇女的关系》, 载《史学月刊》2009年第11期。

外文著作、论文

Bodde, Derk, *Festivals in Classical China*: *New Year and Other Annual Observances during the Han Dynasty* 206 *B. C.* –*A. D.* 220. Princeton: Princeton University Press, 1975.

Bodde, Derk and Clarence Morris, *Law in Imperial China*: *Exemplified by* 190 *Ch'ing Dynasty Cases with Historical Social and Juridical Commentaries*, Cambridge: Harvard University Press, 1967.

Brown, Miranda, "Adoption in Han China", *Journal of the Economic and Social History of the Orient* 52 (2009).

Hinsch, Bret, "Women, Kinship, and Property as Seen in a Han Dynasty Will", *Tongpao* 84. 1 (1998).

Huang, Philip, *Civil Justice in China: Representation and Practice in the Qing*, Stanford: Stanford University Press, 1996.

Hulsewé, A. F. P., "A Lawsuit of A. D. 28", In *Studia Sino-Mongolica*, Wiesbanden: Franz Steiner Verlag, 1979.

Jones, William, "Studying the Ch'ing Code—The Ta Ch'ing lü li", *The American Journal of Comparative Law*, 1974.

Kosoy, Lawra, *The Legal System and Legal Tradition of the Western Zhou CA* 1045-771 *B. C. E.*, Chicago: University of Chicago Press, 1996.

Lai, Mingchun, "Family Morphology in Han China", Ph. D. diss., University of Toronto, 1995.

Loewe, Michael, *The Government of the Qin and Han Empires*, Cambridge: Hackett Publishing Company, 2006.

Loewe, Michael, *Records of Han Administration*, Cambridge: Cambridge University Press, 1967.

Loewe, Michael and Denis Twitchett eds., *The Cambridge History of China*, *Vol* 1: *The Ch'in and Han Empires*, 221*B. C.* -*A. D.* 220, Cambridge: Cambridge University Press, 1986.

Nylan, Micheal, "Ying Shao's *Feng su t'ung yi*", Ph. D. diss., Princeton University, 1982.

Qu, Tongzu, *Han Social Structure*, Seattle: University of Washington Press, 1972.

Weld, Susan, "Chu Law in Action: Legal Documents from Tomb 2 at Baoshan", In *Defining Chu: Image and Reality in Ancient China*, Constance A. Cook and John S. Major, eds., Honolulu: University of Hawaii Press, 1999.

Wilkinson, Endymion, *Chinese History: A Manual*, Boston: Harvard University Asia Center, 2000.

[日] 池田温:《中国历代墓券略考》，载《东洋文化研究所纪要》第86集（1982年）。

[日] 富谷至:《黄泉の国の土地売買——漢魏六朝贸地券考》，载《大阪大学教养部研究集录》（人文社会科学）第36期（1987年）。

[日] 滋贺秀三:《中国法文化的考察》，载《比较法研究》第3期（1988年）。

[日] 堀敏一:《中国古代の家と集落》，汲古书院1996年版。

[日] 落合悠纪:《漢"二年律令"における爵と戸の継承-継承予定者についての一考察》，载《汉史学研究会会报》第12期（2007年）。

法律文化研究文丛

第一辑

（中国政法大学出版社出版）

清代习惯法：社会与国家　梁治平 著
法律多元：从日本法律文化迈向一般理论　［日］千叶正士 著　强世功 等译
乡土社会的秩序、公正与权威　王铭铭　［英］王斯福 主编
中国法律教育之路　贺卫方 编
欧洲法学史导论　［葡］叶士朋 著　吕平义　苏　健 译
法治、启蒙与现代法的精神　陈弘毅 著
明清公牍秘本　郭成伟　田　涛 点校整理
清代法制导论：从社会学角度加以分析　［英］S.斯普林克尔 著　张守东 译
法治在中国：制度、话语与实践　梁治平 编
儒家伦理与法律文化：社会学观点的探索　林　端 著
法辨：中国法的过去、现在与未来　梁治平 著
寻求自然秩序中的和谐：中国传统法律文化研究　梁治平 著
法制与治理：国家转型中的法律　强世功 著
法理学的世界　陈弘毅 著
法律与宗教　［美］哈罗德·J.伯尔曼 著　梁治平 译
法治及其本土资源　苏　力 著
东西方之间的法律哲学：吴经熊早期法律哲学思想之比较研究　［奥］田默迪 著
论当代中国的普通法教育　何美欢 著
论私力救济　徐　昕 著

法治与文明秩序　　於兴中 著

日本法与日本社会　　[日]六本佳平 著　刘银良 译

韦伯论中国传统法律：韦伯比较社会学的批判　　林　端 著

第二辑

（广西师范大学出版社出版）

满地江湖吾尚在：章太炎与近代中国（1895−1916）　　孙德鹏 著

迷信与暴力：历史中的宣誓、决斗、神判与酷刑　　[美]亨利·查尔斯·李 著　X.Li 译

明清法律运作中的权力与文化　　邱澎生　陈熙远 编

沈家本传（修订本）　　李贵连 著

动物社群：一种政治的动物权利理论　　[加]苏·唐纳森、威尔·金里卡 著　王　珀 译

第三辑

（法律出版社出版）

明清法律与社会变迁　　邱澎生　何志辉 编

眼睛就是一切："法"的语词与源流辨析　　金　敏 著

案例、故事与明清时期的司法文化（修订版）　　徐忠明 著

明清时期的民事审判与民间契约　　王亚新　梁治平　赵　晶 编

"活法"：宋元明法律文化研究　　蓝德彰 著　吴艳红　姜永琳 编校

法学知识的壮游：近代中法法学交流史　　朱明哲 著

中国早期民法新论：案例、法规、概念与法律之外　　张朝阳 著

图书在版编目（CIP）数据

中国早期民法新论：案例、法规、概念与法律之外 / 张朝阳著. -- 北京：法律出版社，2024. --（法律文化研究丛书）. -- ISBN 978-7-5197-9289-3

Ⅰ. D923.04

中国国家版本馆 CIP 数据核字第 2024T1K777 号

中国早期民法新论：案例、法规、概念与法律之外
ZHONGGUO ZAOQI MINFA XINLUN：ANLI、FAGUI、GAINIAN YU FALÜ ZHIWAI

张朝阳 著

责任编辑 韩满春
装帧设计 贾丹丹

出版发行 法律出版社
编辑统筹 学术·对外出版分社
责任校对 晁明慧
责任印制 胡晓雅　宋万春
经　　销 新华书店

开本 A5
印张 6.625　**字数** 144 千
版本 2024 年 11 月第 1 版
印次 2024 年 11 月第 1 次印刷
印刷 保定市中画美凯印刷有限公司

地址：北京市丰台区莲花池西里 7 号(100073)
网址：www.lawpress.com.cn
投稿邮箱：info@lawpress.com.cn
举报盗版邮箱：jbwq@lawpress.com.cn

销售电话：010-83938349
客服电话：010-83938350
咨询电话：010-63939796

书号：ISBN 978-7-5197-9289-3　**定价**：48.00 元

凡购买本社图书，如有印装错误，我社负责退换。电话：010-83938349